财政部规划教材

基础会计

(第九版)

孟繁金 何荣华 主编

中国财经出版传媒集团
中国财政经济出版社

图书在版编目（CIP）数据

基础会计 / 孟繁金，何荣华主编．－－9 版．－－北京：中国财政经济出版社，2022.8（2024.10重印）
财政部规划教材
ISBN 978 – 7 – 5223 – 1055 – 8

Ⅰ.①基⋯　Ⅱ.①孟⋯②何⋯　Ⅲ.①会计学－高等学校－教材　Ⅳ.①F230

中国版本图书馆 CIP 数据核字（2021）第 268152 号

责任编辑：钱红叶　　　　　　　特约编辑：彭洋洋
封面设计：卜建辰　　　　　　　责任印制：张　健

基础会计（第九版）
JICHU KUAIJI（DIJIUBAN）

中国财政经济出版社 出版

URL：http://www.cfeph.cn
E – mail：cfeph@ cfeph.cn

（版权所有　翻印必究）

社址：北京市海淀区阜成路甲 28 号　邮政编码：100142
营销中心电话：010 – 88191522
天猫网店：中国财政经济出版社旗舰店
网址：https://zgczjjcbs.tmall.com
北京密兴印刷有限公司印刷　各地新华书店经销
成品尺寸：185mm×260mm　16 开　12.5 印张　300 000 字
2022 年 8 月第 9 版　2024 年 10 月北京第 7 次印刷
定价：39.00 元
ISBN 978 – 7 – 5223 – 1055 – 8
（图书出现印装问题，本社负责调换，电话：010 – 88190548）
本社质量投诉电话：010 – 88190744
打击盗版举报热线：010 – 88191661　QQ：2242791300

编写 说明

本书是财政部规划教材,由财政部教材编审委员会组织编写并审定,作为全国中等职业学校财经类教材使用。

为了给全国财经中专、中职学校的学生和老师提供一本兼具实用性和权威性的会计入门教材,我们根据教学改革反馈的意见,吸取会计专家、学者的建议,借鉴会计改革实践经验,在《基础会计(第八版)》的基础上进行了全新修订。修订后的《基础会计(第九版)》具有下列特点:

1. 依据准则,强化实践

本次修订的主要依据是财政部颁布实施的《企业会计准则》《企业会计准则——应用指南》。在注重强化会计的基本知识、基本理论和基本技能的同时,强调素质教育导向,以及学生实践和创新能力的培养。

2. 体例科学,知识完备

本次修订对全书体例进行了重新设计和规划,在保证基础会计内容框架完整性的同时,调整了部分章节内容。精简了已不太适合当前教学要求的理论阐述,对会计基本知识、基本理论、基本方法的展开,尽量遵循教学和认知规律,循序渐进,由浅入深。

3. 贴近学生,风格鲜明

本书"以学生为主体,以能力为本位",在案例的选用上贴近学生实际,穿插在教学内容中,主题突出,便于学生理解和掌握;与此同时在教材中适度地设置了拓展阅读内容,增加了教材的知识信息量。

4. 总结创新,注重应用

本书从理论到方法,从内容到形式,都遵守财政部教材编审委员会对统编教材科学性、先进性、实用性的要求,既方便老师教学,又便于学生自学。

本书配备了与教材章节内容同步的《基础会计(第九版)实训与练习》。任课老师若需要答案,请发电子邮件向中国财政经济出版社索取,邮箱地址:caijingjiaocai@163.com。

本教材还为任课老师制作了电子课件和教学资源,如有需要,请访问 jiaocai.cfeph.cn 下载。

本课程总学时为 108 学时,各单元课时分配见下表(仅供参考):

基础会计（第九版）

课程内容		学时数			
		合计	讲授	实训	机动
第一单元	会计概述	6	4	2	
第二单元	会计要素	10	6	4	
第三单元	账户和复式记账	18	10	8	
第四单元	主要经济业务的核算	20	10	10	
第五单元	成本计算	6	4	2	
第六单元	填制会计凭证	6	2	4	
第七单元	登记账簿	6	2	4	
第八单元	财产清查	8	4	4	
第九单元	编制财务会计报告	8	6	2	
第十单元	账务处理程序	6	4	2	
第十一单元	会计监督	4	2	2	
第十二单元	会计工作管理	4	2	2	
	机动	6			6
	合计	108	56	46	6

  本书可以作为财经中专、中职学校教学用书，中职升高职考试用书，还可以作为在职财会人员的培训和自学用书。

  本次修订由何荣华主持，王欢审核，孟繁金总纂。由于编者水平所限，疏漏之处在所难免，恳请读者提出宝贵意见。

编 者

2022 年 7 月

目 录

第一单元 会计概述 ... 1

第一节 会计的概念 ... 2

第二节 会计的职能 ... 4

第三节 会计对象和会计核算内容 ... 6

第四节 会计核算的前提、基础和方法 ... 7

第二单元 会计要素 ... 14

第一节 会计要素及其计量 ... 14

第二节 会计要素之间的平衡关系 ... 22

第三单元 账户和复式记账 ... 27

第一节 会计科目 ... 27

第二节 账　户 ... 30

第三节 复式记账 ... 32

基础会计（第九版）

第四单元 主要经济业务的核算 …… 47

第一节 筹集资金过程的核算 …… 47

第二节 材料采购过程的核算 …… 50

第三节 产品生产过程的核算 …… 54

第四节 销售和利润形成过程的核算 …… 60

第五单元 成本计算 …… 71

第一节 成本计算的含义和程序 …… 71

第二节 成本的构成和计算 …… 73

第六单元 填制会计凭证 …… 80

第一节 会计凭证的含义及分类 …… 80

第二节 原始凭证的填制与审核 …… 81

第三节 记账凭证的填制与审核 …… 91

第四节 会计凭证的传递与保管 …… 100

第七单元 登记账簿 …… 103

第一节 登记账簿的含义及分类 …… 103

第二节 登记账簿的规则 …… 105

第三节 登记账簿的方法 ■ 108

第四节 对账和结账 ■ 116

第八单元 财产清查 ■ 125

第一节 财产清查的含义及种类 ■ 125

第二节 财产清查的方法 ■ 127

第三节 财产清查差异的处理 ■ 132

第九单元 编制财务会计报告 ■ 137

第一节 编制财务会计报告的意义 ■ 137

第二节 会计报表的结构和内容 ■ 138

第三节 会计报表的编制 ■ 143

第十单元 账务处理程序 ■ 149

第一节 账务处理的基本程序 ■ 149

第二节 记账凭证账务处理程序 ■ 150

第三节 科目汇总表账务处理程序 ■ 163

第四节 汇总记账凭证账务处理程序 ■ 167

基础会计（第九版）

第十一单元 会计监督 171

第一节 会计监督的意义 171

第二节 单位内部会计监督 172

第三节 单位外部会计监督 174

第十二单元 会计工作管理 178

第一节 会计核算信息的质量要求 178

第二节 会计法律制度和会计管理体制 180

第三节 会计机构和会计人员管理 182

第四节 会计档案管理 185

第一单元
会 计 概 述

本单元重点
☐ 会计的概念
☐ 会计的职能
☐ 会计核算前提

  袁小帅和他的两位大学同学联合创立的"吃不胖"快餐店已经成为京州市餐饮行业的新星：创办不到两年就开了3家分店，每家实体店的日均营业额均大幅领先同区域的其他同类餐饮店铺，这还不包括"吃不胖"的线上销售部分，后者目前已贡献了35%的销售额。开在大学城的第一家分店简直成为学生们的潮流风向标：15分钟无人机送餐必达、微信表情包订餐、专属APP人像识别定制化搭配……最近，"吃不胖"餐饮公司又拿到了扩张急需的人民币1 500万元的融资，估值过亿。

  广受追捧的口味和搭配、各种订餐送餐"黑科技"的运用背后，是"吃不胖"公司创业团队对财务数据的细致梳理以及对资金管理的高度重视。那么，"吃不胖"各家分店的盈利能力究竟如何，怎么调整套餐搭配并设定相应价位从而尽快实现收支平衡，"吃不胖"连锁餐饮公司内部的资产构成呈现何种变化，袁小帅的团队又是通过怎样的方式整合食品原材料供应链……会计，将帮助我们探究这些问题。

  事实上，会计已经成为信息化时代商业社会的核心，小到京州商业银行对袁小帅团队第一笔贷款的审核，大到国家针对整个餐饮行业税收政策的调整，都需要基于会计信息与会计知识做出决策。

  经济环境与政策法规的不断演变，以及会计学科自身的高速发展，使得在教材的有限篇幅内囊括会计的方方面面变得既不可能也无必要。相应地，本书将提供一整套工具，帮你掌握会计的基本框架和核心内容，并学会根据会计知识，量化和评估类似"吃不胖"这样的企业的运营情况。

  让我们从会计最基础的知识开始吧。

第一节　会计的概念

一、会计的基本概念

会计是以货币为主要计量单位，运用专门的方法，核算和监督一个单位经济活动的一种经济管理工作。

现代会计的服务对象涉及各个层面、各种单位，这里的"单位"既包括企业，也包括国家机关、社会团体、事业单位（如学校）等。当然，会计的使用主要还是集中在企业层面，本书也主要依据《企业会计准则》，围绕企业经济业务的会计处理而展开。

二、会计的特征

1. 会计以货币作为主要计量单位。会计需要以量化方式反映企业的经济业务活动。"吃不胖"快餐店的采购部门需要知道在什么时间和地点采购某种蔬菜既符合实际需要的数量，又能享受价格优惠；人力部门需要了解调整后的工资、奖金政策与员工的绩效情况是否匹配。经济核算中通常的计量方式有以下三种：

- 实物量度。实物度量以财产物资的实物数量为单位，如吨、米、件等；
- 劳动量度。劳动度量以时间为单位，如工时、工作日等；
- 货币量度。货币度量以不同货币的数量为单位，如100元人民币、1 000美元等。

劳动计量、实物计量只能从不同角度反映企业的生产经营情况，计量结果通常难以直接进行汇总和比较；货币计量则可以将物资、劳动、损耗等各类千差万别的信息折算成统一的货币化数据，方便综合地衡量与比较。因此，会计需要以货币作为主要计量单位。

当然，在实际工作中，会计核算也需要使用实物量度和劳动量度作为辅助的计量尺度，对经济活动进行核算和监督。从第四单元开始，我们将不断遇到这种情况。

2. 会计采用一系列专门方法。会计方法是用来核算和监督会计对象，实现会计目标的手段。会计方法一般包括会计核算方法、会计分析方法和会计检查方法。以会计核算方法为例，它由设置账户、复式记账、填制和审核凭证、登记账簿、成本计算、财产清查和编制财务会计报告等专门方法构成一套完整体系，本书之后的主体内容也将围绕其展开。

实际工作中，各种会计方法既相对独立，又密切配合，其中会计核算方法是基础。

3. 会计具有核算和监督的基本职能。会计职能是会计在经济管理活动中所具有的功能和作用。会计的基本职能表现在两个方面：

- 进行会计核算——通过确认、计量、记录、报告，从数量上反映各单位已经发生或完成的经济活动，为经营管理提供会计信息。
- 实施会计监督——按照一定的目的和要求，利用提供的会计信息，对各单位的经济活动进行控制，使之达到预期目标。

4. 会计是一个经济信息系统。无论是以前借助手工账簿，还是现在深度使用财务软件和云计算平台，企业都会建立一套信息系统，对各种经济业务的数据进行收集、存储、传输和加工，输出会计信息，并将其反馈给各有关部门，帮助企业内部管理者和外部利益相关者更好地做出经济决策。

5. 会计是一种经济管理活动。会计不仅为企业经济管理活动提供各种数据资料，而且通过各种方式直接参与经济管理：从传统的资金管理、纳税筹划，到投融资、内部控制、全面预算管理和战略成本管理等，都是企业首席财务官（CFO，又称财务总监）发挥主导作用的领域。

[拓展阅读]

财务岗位：从出纳到CFO

三、会计的目标

会计的目标是向会计信息使用者及时准确提供真实、有用的会计信息，有助于信息使用者做出经济决策。

企业会计信息的使用者主要包括投资者、债权人、政府机关、企业内部人员和供应商等。

1. 投资者。办企业必须拥有一定的资金，对企业投入资金的单位、个人都是企业的投资者。企业的现有投资者（即企业的股东）和潜在投资者需要通过会计信息了解评价企业经济效益和发展趋势，以便做出保留投资、追加投资、撤出投资等决策。

2. 债权人。企业的债权人（一般是银行）通过财务会计信息了解企业的生产经营状况、获利能力和偿债能力，以此判断是否继续向企业提供贷款。

3. 政府机关。包括财政、税务、审计、证券监管、统计、社会保障机构等部门，这些部门需要了解企业财务状况，以便进行宏观调控和决策。

4. 企业内部人员。企业管理者通过会计资料分析考核生产经营过程，预测经济前景，控制生产经营活动，并据此改善经营管理，通过科学决策提高经济效益；企业的职工可以通过会计信息了解薪酬、福利等情况。

5. 供应商。供应商为企业提供材料等物资供应，需要了解企业的生产经营状况、信用状况、现金流量情况以及偿债能力等，以便商洽确定赊销政策。

第二节 会计的职能

前面已经提到会计的基本职能是核算与监督。那么它们具体包括哪些方面？除了这两个职能，会计还可以用来做什么？让我们先看一个学习会计前后，对同一家企业解读的对比。

学会计前：赵四开了一家养殖场，规模越做越大。

学会计后：2013年，赵四初始投资100万元新办一家养殖场，其中他个人出资15万元，从银行贷款40万元，他的丈母娘投资45万元。期间经过几次增资，但债务股本比始终稳定在0.8以下。养殖场目前以肉鸡销售为主，占2016年主营业务收入的87%；还有部分蛋鸡养殖，具体情况可以参见其财务报表中"生产性生物资产"的列示情况。2013年至2016年，该养殖场的税前利润年均复合增长率达到12%，净利润从2013年的35.62万元稳步增长至2016年的78.29万元。2016年下半年，赵四引进了改良的肉鸡品种，并与"吃不胖"快餐连锁店签订了为期3年的独家供货协议。基于同村类似养殖场的经营情况，预计该养殖场2017年的销售收入的增长区间为16%~22%。

显然，借助会计这套商业语言（如上例中的"初始投资""债务股本比""主营业务收入""生产性生物资产""税前利润""净利润""销售收入"），我们可以更详尽准确地勾勒出企业的情况。而会计信息使用者的不同、考察角度的变化，也赋予了会计不同的职能：

一、会计核算职能

会计核算职能，又称"会计反映职能"，是指会计以货币为主要计量单位，对特定主体的经济活动进行确认、计量和报告。

- **确认**：进行会计核算，首先需要确认经济业务活动是否发生，已发生的经济业务活动是否属于会计核算的对象。
- **计量**：对于已经确认纳入核算范畴的经济业务活动，以准确恰当的计量尺度进行描述，在计量的同时，需要把已确认的经济业务活动采用专门的方法予以分类（如划分会计科目）和记载。
- **报告**：在确认、计量和记录的基础上，对财务状况、经营成果和现金流量情况以财务报表的形式发布，并加以分析和解释。

为了充分发挥会计的核算职能，必须将实际发生的经济业务全部纳入会计核算范围，如实反映资金运动的全过程和结果。

> **小问题**
>
> 签订合同需要进行会计核算吗？

二、会计监督职能

会计监督职能，是指会计在进行会计核算的同时，对经济活动的真实性、合法性、合理性进行审查与规范，维护国家和企业单位的财产安全和完整，保证资本市场的健康运行。

- 真实性审查：检查各项会计核算是否根据实际发生的经济业务进行。
- 合法性审查：检查各项经济业务是否符合国家有关法律法规，遵守财经纪律，执行国家的各项方针政策，以杜绝违法乱纪行为。
- 合理性审查：检查各项财务收支是否符合客观经济规律及经济管理方面的要求，保证各项财务收支符合特定的财务收支计划，实现预算目标。

会计监督又可以分为事前监督、事中监督和事后监督：

- 事前监督：对将要发生的经济活动通过制定预算、定额等过程实施监督和控制。
- 事中监督：对正在发生的经济活动的过程和相关资料真实性实施监督、审查、分析，及时发现问题，防患于未然。
- 事后监督：对已经发生的经济活动实施核查，以利于全面、真实、准确地掌握经济活动的全过程，提高会计信息质量。

三、会计评估、预测与决策职能

（一）评估经营业绩

会计信息可以揭示一个企业的经营状况及其变动趋势、财务成果和经营业绩，并通过对财务数据的专业分析，肯定成绩、找出差距、提出建议、采取措施。

（二）预测经营前景

企业为了确定恰当的经营管理目标，根据财务会计报告等信息，对未来的经济活动做出科学预测。为此，会计必须收集大量历史信息和当前信息，进行整理、加工、分析，以预测企业的经营前景。

（三）参与经济决策

根据财务会计等信息，运用定量分析和定性分析方法，对备选方案进行经济可行性分析，为企业生产经营管理提供与决策相关的信息。

[拓展阅读]

阿里巴巴 VS 亚马逊

会计核算和会计监督是会计的基本职能，二者相辅相成：没有核算，监督就失去基础；只核算不监督，会计信息的真实可靠就无法保证。参与评估、预测与决策是会计基本职能的扩展，它与会计核算、会计监督"三位一体"共同作用，才能充分发挥会计在经营管理中的作用。

第三节　会计对象和会计核算内容

一、会计对象的概念

会计对象是指会计核算和监督的内容，即社会再生产过程中的资金运动。

会计监督与核算的对象并不是所有经济活动，而是只针对那些能够用货币表现的经济活动。

以"吃不胖"快餐店为例，分店开业前与代理商签订的冰柜、烤箱购货合同，开业后店长召集店员商讨的本月促销计划，这些都是经济活动，但都没有改变企业的货币或资金数额，所以不是会计对象。

但是，当冰柜和烤箱到货后合计支付了货款 7 200 元，商讨确定后的本月促销活动实际花费了 550 元，这些经济活动改变了企业的货币或资金额度，则应被归为会计对象。

二、企业的会计对象

企业的资金运动表现为资金投入、资金运用和资金退出三个过程。不同的企业中，又以制造业企业的资金运动最为典型，我们就以制造业企业为例，说明会计对象的具体内容。

1. 资金投入。创立企业首先要解决的就是钱从哪来的问题，所以得投入资金，这也是整个资金运动的起点。企业获得资金的途径有两种：一种是接受"投资者"的投资；一种是向"债权人"借钱。投资者投入的资金形成了企业的"所有者权益"，这些"投资者"又称为企业的"所有者"。企业需要的经营资金除了靠投资者投入之外，还包括企业向银行等金融机构借入的信贷资金，即企业的"负债"，这些金融机构也就是企业的"债权人"。

2. 资金运用。资金进入企业后，形成了企业的资产。资产的使用在工业企业中按照供应、生产和销售三个阶段依次进行循环和周转。

- 供应阶段：企业根据生产需要，利用货币资金购进包括原材料和机器设备在内的各种物资，计算出采购物资的成本，并同供应方形成结算关系。此时，货币资金转化为"库存材料""固定资产"这样的实物形态。
- 生产阶段：在生产过程中，企业将上一阶段储备的原材料进行加工，使之成为在产品，会产生生产产品的各种耗费，计算出产品的生产成本，同企业的内部员工以及相关单位形成结算关系。
- 销售阶段：企业销售生产出的产品，计算销售收入和相应的成本与费用，同购买方形成结算关系。

3. 资金退出。在资金的循环周转中一直伴随着部分资金的退出和资金的再投入。资金退出企业：如偿还债务、依法缴纳税费、向所有者分配利润等；资金的再投入：如将企业实现的盈余用于扩大再生产、增加投入资本。

[拓展阅读]

星光服装公司的资金循环

三、会计核算的具体内容

企业在生产经营时，会开展各种经济活动。如从银行借入款项、购买设备和生产用的材料、生产领用材料、产品入库、销售商品等等。此类能够引起资金运动的经济业务事项，即会计事项。这些会计事项是会计核算和监督的具体内容，需要会计人员运用专门的会计方法进行会计处理。

《中华人民共和国会计法》第十条规定，下列经济业务事项，应当办理会计手续，进行会计核算：

- 款项和有价证券的收付；
- 财物的收发、增减和使用；
- 债权、债务的发生和结算；
- 资本、基金的增减；
- 收入、支出、费用、成本的计算；
- 财务成果的计算和处理；
- 需要办理会计手续、进行会计核算的其他事项。

第四节 会计核算的前提、基础和方法

一、会计核算前提

不同企业的具体经济活动千差万别，却又呈现出种种相似性。造飞机的波音公司和卖茶叶蛋的24小时便利店至少有一点相同：它们都是以营利为目的。为了既体现个性，又提炼出共性，人们根据以往的会计实践和理论，对会计核算所处的时间和空间环境等作了一系列设定，即四项基本假设：会计主体、持续经营、会计分期、货币计量。这四项会计基础假设构成了会计核算的前提。

（一）会计主体

会计主体是指会计工作为之服务的特定单位或经济实体，是会计确认、计量、记录和报告会计信息的空间范围。

一般来说，会计主体是指一个单位，如一家企业、一所学校、一所医院等。会计主体假设要求各主体的活动独立于其所有者及其他主体：作为赵四养殖场的所有者，赵四在会计核算时必须把自己生活上的开销和养殖场的费用分开；另一方面，赵四养殖场、"吃不胖"快餐店和星光服装公司都作为相互独立的会计主体，从而将这三家企业的会计信息区分开来。

提示：会计主体与法律主体是两个不同的概念。法律主体是指在政府部门注册登记，有独立的财产而且能够承担民事责任的法律实体。从实践上看，法律主体通常都是会计主体，但会计主体不一定是法律主体。例如，在规模较大的企业下设几个独立核算的分厂，分厂对外不承担法律责任，因此这些分厂不是法律主体，但又因其均进行独立核算，所以它们都是会计主体。

（二）持续经营

持续经营是假设会计主体的经营活动在可预见的未来将持续下去。即在可预见的未来，该会计主体不会关门或被卖掉，所持有的资产将正常营运，负债将正常偿还。会计上之所以有"持续经营"的假设，是因为企业的倒闭或停业会导致常规的核算方式不再适用，需要进行特殊的会计处理。

在确定了会计主体后，只有假定其生产经营活动是持续和稳定的，会计原则和会计程序才能建立在正常的（非清算的）基础上，才能保证会计处理和会计信息的一致性和稳定性。

（三）会计分期

会计分期是指把连续不断的生产经营过程，人为地划分为若干个相等的时间段落，以便分期结算账目和编制财务报告。会计分期与持续经营假设的关系如图1-1所示。

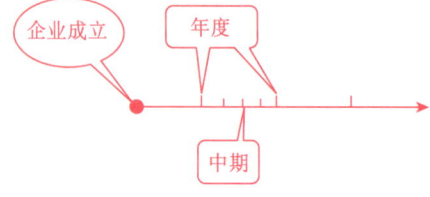

图1-1 持续经营与会计分期

会计分期假设是持续经营假设的必要补充。在企业持续经营的过程中，投资者、债权人等与企业有利害关系的各方均需要及时掌握企业的会计信息，这就要求合理地设定每次核算过程从何时开始、到何时截止，并规定会计的报告期。有了这个前提，才能对某类会计业务的处理做出一些具体规定（如收入的实现、费用的分配、财产的估计以及摊销、预提等），才能对会计信息在当期与前期、前期与后期（计划）之间进行比较。

我国对会计期间按公历起讫日期确定，即从1月1日起到12月31日止为一个会计年度。会计期间以一年作为一个会计年度，短于一个会计年度的分期则称为会计中期，后者包括月度、季度和半年度。

(四) 货币计量

货币计量是指会计主体在会计确认、计量和报告时要以货币作为主要计量尺度，反映会计主体的经济活动。这一假设使会计能够量化经济事项，便于比较不同会计主体之间的经济信息，或者同一会计主体不同时期的经营成果。

这一假设意味着会计不考察那些可能影响经营状况却又无法记账的信息，比如员工的士气、企业领导者的健康状况等，尽管这些信息也很重要，但是会计只记录可以用货币计量的事项。

我国会计核算以人民币作为记账本位币，业务收支以外币为主的单位，也可选用某种外币作为记账本位币，但向国内编制的财务报告应当折算成人民币反映。

会计主体、持续经营、会计分期和货币计量四项会计核算的基本前提（或称假设），相互依存、相互补充。会计主体确立了会计核算的空间范围（即解决了会计为谁服务的问题）；持续经营剔除了企业非正常经营状态，并与会计分期共同确立了会计核算的时间范围；货币计量为会计核算解决了会计计量基础和报表计量标准的问题。

上述四项基本假设与我们接下来要介绍的各种概念和约束一起，共同构建了会计的基本原则，保证了会计信息的相关性、可靠性和可比性。

[拓展阅读]

会计假设的现实意义

二、会计核算基础

会计分期假设带来了当前期间、以前期间和以后期间的差别，形成了权责发生制和收付实现制两种不同的会计基础。

（一）权责发生制

权责发生制也称"应收应付制"，是指收入、费用的确认应当以收入和费用的实际发生作为确认的标准。它是合理确认收入和费用归属期的一项制度。

收入与费用的归属期有本期和非本期之分。若当下所在的时间为9月，则9月份为本期，其余均为非本期。会计分期把连续不断的生产经营活动划分为一个个前后衔接、间距相等的时间段。以最小的会计分期——月度为例，一年被划分为12个会计期间。将收入与费用计入不同的会计期间，会直接影响有关联的会计期间的利润。

为了更真实、公允地反映企业特定时点的财务状况和特定期间的经营成果，我国《企业会计准则——基本准则》规定：

企业会计应当以权责发生制为基础进行确认、计量和报告。

1. 权责发生制下确认收入的原则：
- 在本期取得收款的权利，即属于本期的收入。不论款项是否在本期收到。

- 不是在本期取得收款的权利，则不属于本期的收入。不论款项是否在本期收到。
2. 权责发生制下确认费用的原则：
- 本期产生了承担费用的责任，即将费用计入本期。不论款项是否在本期支付。
- 本期没有产生承担费用的责任，则费用不计入本期。不论款项是否在本期支付。

由此可见，权责发生制是以权责关系的实际确立作为计入本期收入和费用标准的。

（二）收付实现制

收付实现制与权责发生制是相对应的。在收付实现制下，收入和费用的确认是以实际收到或支付款项为依据的。我国的事业单位会计核算一般采用收付实现制；政府会计中的预算会计实行收付实现制（国务院另有规定的除外），财务会计实行权责发生制。

【小案例】

权责发生制对比收付实现制

"吃不胖"快餐店开张后的第 1 个月销售额为 110 000 元，在线团购活动导致当月尚有 6 500 元款项未收回；全额支付房租、工资、水电费等费用共计 60 000 元。下面用两种方法分别列示当月收益情况。

会计核算基础	收入	费用	当月收益
权责发生制	本月销售额 110 000 元	房租、工资、水电费 60 000 元	50 000 元
收付实现制	收到本月销售收入 103 500 元	房租、工资、水电费 60 000 元	43 500 元

[拓展阅读]

权责发生制与"资产负债观"

三、会计核算方法

会计方法是对经济业务进行完整、连续和系统地记录和计算，为经营管理提供必要的信息所应用的方法。会计方法体系主要包括会计核算方法、会计分析方法和会计检查方法。会计核算方法主要包括以下七方面的内容，它们相互联系、紧密结合，确保会计工作有序进行。

（一）设置会计科目和账户

设置会计科目和账户，是对会计对象的具体内容进行归类核算和监督的一种专门方法。

企业的经济活动内容庞杂多变，为了对千变万化的经济业务进行全面、系统、综合的核算和监督，需要对会计对象进行科学分类，对涉及的每项资金运动进行科学、规范的设定和标注：即将会计核算的内容划分为若干个项目，为每个项目确定一个名称，这就是所谓的"会计科目"。有了会计科目，人们再据此开设具有固定格式和结构的账户，通过账户分门别类地登记会计事项，以便为经济管理提供各种不同需要的经济指标。

（二）复式记账

复式记账就是对每项交易或事项，以相等的金额同时在两个或两个以上相互联系的账户中进行登记，借以完整地反映每一项经济业务的一种专门方法。

经济活动中，每项交易或事项都会引起资金形态的两个或多个方面的变化，比如用现金购买材料，一方面引起材料增加，一方面引起现金减少，这两种形态的变化都必须在账户中进行登记。

采用复式记账，就可以全面地、相互联系地反映资金增减变化和财务收支变化情况，并掌握它的来龙去脉。

（三）填制和审核会计凭证

会计对经济业务进行记录和核算的主要依据是会计凭证。会计凭证有原始凭证和记账凭证之分：先通过取得、填制的会计凭证（原始凭证），对经济业务事项进行确认；再通过设置会计科目和账户，运用复式记账原理，将经济业务记录到会计凭证（记账凭证）中。取得填制的会计凭证必须进行审核，经过审核无误的会计凭证才能作为登记账簿的依据。填制和审核会计凭证对会计信息质量和整个会计工作有着至关重要的影响。

（四）登记账簿

登记账簿，就是将会计凭证上的记录按照记账规则逐一登记到具有一定格式和结构的账簿上。

填制和审核会计凭证，只是取得了一个合法的记账依据，还不能系统地提供各种不同的会计信息。会计凭证是大量的、分散的，只有将它们分门别类地登记到账簿中，才能提供比较系统的、综合的会计信息。

账簿是账户的载体，是记录和存储会计信息的数据库，是编制会计报表的依据。

（五）成本计算

成本计算是对生产经营活动中发生的费用按照成本计算对象进行归集和分配，从而计算产品（工程）单位成本和总成本的一种专门方法。

按照经济管理的要求，凡是实行独立核算的企业都必须进行成本核算。通过成本计算才能了解生产耗费，对投入与产出进行比较，才能考核生产经营活动的经济效益。

通过成本计算，还可以检查资金使用效果，促使企业单位增收节支，加强经济核算。

成本计算也是进行成本预测决策、编制成本计划和费用预算的基础。

（六）财产清查

财产清查就是通过盘点实物、核对账目，清查各项财产物资、负债和所有者权益，保证账实相符的一种专门方法。

通过财产清查，一方面可以加强会计记录的真实性、正确性，保证账实相符；另一方面，可以查明资产的来源情况，债权、债务清偿情况，以及各项资产运用和存货情况。

通过财产清查可以进一步明确经济责任，加强经济管理。

（七）编制财务会计报告

编制会计报表，就是将一定时期企、事业单位财务状况和经营成果，总括地反映在具有一定格式的表格之中，并按照程序和规定时间发布的一种专门方法。

会计报表提供的数字比账簿更概括、更集中、更系统，便于会计信息使用者全面了解单位的经营活动情况和盈利能力；便于为有关部门提供管理信息，为投资者、债权人提供决策依据。

以上各种专门方法是一个完整的体系（如图1-2所示），是相互联系、紧密结合的，必须一环紧扣一环。倘若在某一环节上发生缺陷，就必然会影响整个会计核算的质量，因此必须加强会计工作的组织。

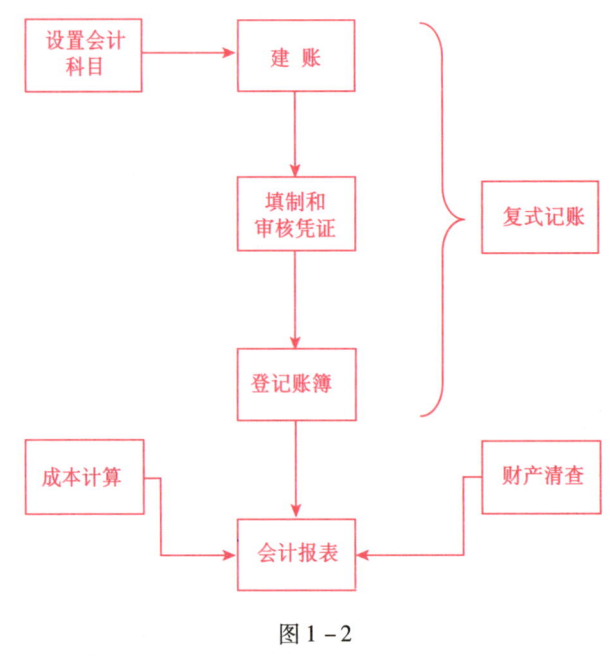

图1-2

知识梳理

- 会计是以货币为主要计量单位，运用专门的方法，核算和监督一个单位经济活动的一种经济管理工作。
- 会计的五个特征：会计以货币作为主要计量单位；会计采用一系列专门方法；会计具有核算和监督的基本职能；会计是一个经济信息系统；会计是一种经济管理活动。
- 会计的目标是向会计信息使用者及时准确提供真实、有用的会计信息，有助于信息使用者做出经济决策。
- ◆ 会计的基本职能是会计核算和会计监督；会计的拓展职能包括评估经营业绩、预测经营前景、参与经济决策。
- ◆ 会计对象是会计核算和监督的内容，即能以货币表现的经济活动，即资金运动。企业的资金运动主要表现为资金投入、资金运用和资金退出的过程。
- ◆ 会计核算的前提包括会计主体、持续经营、会计分期、货币计量。
- ◆ 企业会计应当以权责发生制为基础进行确认、计量和报告。
- ◆ 会计方法体系主要包括会计核算方法、会计分析方法和会计检查方法。会计核算方法是会计方法体系中的基础。

　　会计核算方法主要包括设置会计科目和账户、复式记账、填制和审核会计凭证、登记账簿、成本计算、财产清查、编制财务会计报告。

第二单元
会 计 要 素

本单元重点
- □ 会计六要素的概念、特征和分类
- □ 会计等式的不同表现形式
- □ 会计交易或事项引起的资产、负债和所有者权益变化的九种类型

第一节 会计要素及其计量

一、会计要素的概念

会计要素是对会计对象按其经济特征归类的项目,是对会计对象的基本分类。

我国《企业会计准则——基本准则》将会计要素划分为资产、负债、所有者权益、收入、费用和利润六类,其中前三类属于反映企业财务状况的会计要素,在资产负债表中列示;后三类属于反映企业经营成果的会计要素,在利润表中列示。

会计要素是会计核算对象的具体化,是设置账户的基本依据,是构成会计报表的基本因素。会计工作就是围绕着会计要素的确认、计量、记录和报告展开的。

二、会计要素的内容

上一单元讲到,会计监督和核算的内容是企业生产经营过程中的资金运动,那么具体怎么描述资金运动情况呢?通常我们采用静态和动态两种描述方式:

1. 静态方式:观察企业在某个时点的资金占用和资金来源情况。资金占用表现为以企业名义持有的各种资产,如厂房、设备、材料、专利等组成资产负债表左列。资金的来源则如上一单元提到的,分为企业接受"债权人"投入和"所有者"投资两种。债权人投入的资金称为负债,所有者投入的资金称为所有者权益。资产代表企业拥有资源的存在形式,负债和所有者权益代表企业所拥有资源的来源,三者共同描述了企业在某个时点的财务状况。

2. 动态方式:观察企业在某段时期的资金变动情况。企业通过运营持有的各项资产,在一定时期内生产了特定品类和数量的产品,作为代价,这些资产也相应产生一定的耗费。产品实现销售之后,会获得货币收入。将收入和支出相抵,企业最终确认出这段时间的经营

是赚了还是赔了。这个过程也就对应着从收入、费用到利润的核算与确认，三者概括了企业某个阶段的经营成果。

下面我们依次探究会计的这六大要素：

（一）资　产

1. 资产的定义。资产就是企业所拥有的财产物资。"吃不胖"快餐店的餐桌椅、收银机、商标权，星光服装公司保险柜里的现金、生产线上的粘衬机和锁边机、新扩建的厂房等都属于资产。企业利用这些资产进行生产和销售等经济活动，并最终获得收入。

资产是指企业过去的交易或者事项形成的、由企业拥有或者控制的、预期会给企业带来经济利益的资源。

2. 资产的特征。第一，资产是由企业过去的交易或事项形成的。资产必须是过去已经发生的交易或事项所产生的结果。未来交易或事项可能产生的结果不能作为资产来确认。

星光服装公司 3 月份与销售方签署购买协议，计划在 6 月份采购一套全自动裁床，实际收货日期是 9 月份。则企业 3 月份或者 6 月份均不能将这套设备确认为资产，而应在 9 月份实际购买之后再确认，因为相关交易或事项是在 9 月份发生的。

第二，资产必须是由企业拥有或者控制的资源。这里的"拥有"是指资产的所有权归企业所有，"控制"是指虽不享有某项资产的所有权，但资产由企业实际支配使用。

"吃不胖"快餐店的两辆 24 小时送餐车，一辆是自行购买的，一辆是融资租入的。该企业拥有前者的所有权，以及后者的实际控制权，因此两辆送餐车都应确认为该企业的资产。

第三，资产预期会给企业带来经济利益。这里的"经济利益"就是指直接或间接流入企业的现金或现金等价物。所有的资产都应该能为企业带来相关的经济利益。例如，企业可以通过出售库存商品获利，也可以通过对外投资的形式获利。按照这一特征，那些已经没有经济价值，不能为企业带来经济利益的项目，不能继续确认为资产，如星光服装公司新近淘汰的产品线。

> **知识链接**
>
> 《企业会计准则——基本准则》中规定，将一项资源确认为资产，需要符合资产的定义，并同时满足以下两个条件：
> （1）与该资源有关的经济利益很可能流入企业；
> （2）该资源的成本或者价值能够可靠计量。
> 符合资产定义，但不符合资产确认条件的项目，不应确认为资产。

3. 资产的分类。企业的资产一般按照其流动性分为流动资产和非流动资产。

提示：流动性是指资产转换为货币的难易程度或资产被耗用的难易程度。越容易变为货币，或者越容易被耗用，这项资产的流动性越强。

（1）流动资产。流动资产是指可以在 1 年或者超过 1 年的一个正常营业周期内变现、出售或者耗用，或者主要为交易目的而持有的资产。主要包括库存现金、银行存款、应收及预付款项、存货等。其中：

● 库存现金是指存放在企业内部保险柜由出纳人员保管的现钞，包括人民币和各种外币。库存现金是企业流动性最强的资产。

- 银行存款是指企业存放在银行或其他金融机构的各种款项。
- 应收及预付款项是指企业在日常生产经营过程中发生的各种债权。包括应收账款、其他应收款和预付账款等。
- 存货是指企业在日常活动中为生产或出售而储存的各种物资,包括各类原材料、在产品、半成品、产成品等。它们一般可以在 1 年内耗用或售出。例如,快餐店冰柜里的培根、火腿和各类蔬菜在没有加工完成前都是材料,烤箱里的三明治是半成品,这些都属于存货。

(2)非流动资产。非流动资产是指流动资产以外的资产。主要包括长期股权投资、固定资产、无形资产、商誉、长期待摊费用等。

- 长期股权投资是指各种股权性质的投资。
- 固定资产是指为生产商品、提供劳务、出租或经营管理而持有的,使用寿命超过一个会计年度的有形资产。快餐店里的烤箱、冰柜、可乐机等属于固定资产。
- 无形资产是指企业拥有或者控制的、没有实物形态的可辨认非货币性资产。主要包括专利权、非专利技术、商标权、著作权、土地使用权等。
- 商誉是指企业获得超额收益的能力。其价值通常表现在该企业的获利能力超过了一般企业的获利水平。
- 长期待摊费用是指企业已经发生,但应当由本期和以后各期负担的、摊销期在 1 年以上的各项费用。例如,企业以租赁方式租入的使用权资产发生的改良支出等。

[拓展阅读]

"吃不胖"快餐店的非流动资产构成

(二)负 债

1. 负债的定义。负债是指企业过去的交易或者事项形成的、预期会导致经济利益流出企业的现时义务。对企业而言,负债就是"欠款"。"欠款"的表现形式多种多样:企业为购买原材料从银行取得了借款,尚未归还,表现为"欠钱";这批原材料生产出的产品做预售"先款后货",表现为"欠货";交易达成,货款收讫后暂时未向政府交税,表现为"欠税"。

从时间上看,负债是产生于"过去"的交易或事项,形成了企业"现在"的债务,将于"未来"予以偿还。

2. 负债的特征。

第一,负债是企业过去的交易或事项形成的。即导致企业承担负债的交易或事项已经发生。未来将要发生的交易或事项、未来计划签订的合同等不属于企业的负债。

第二,负债是企业承担的现时义务。这是负债的一个基本特征,即由负债导致的义务是企业在现时条件下必须要承担的,是不可逃避的。

第三,负债意味着债权人对债务人的资产有索取权。俗语说"欠债还钱",企业在债务到期时,必须偿还,一般不能无条件取消,除非债权人主动要求放弃其索取偿还的权利。

第四,负债的清偿预期会导致经济利益流出企业。企业在未来履行偿债义务时,可以有多种方式,如"以钱偿债"——直接用现金偿还;"以物偿债"——在双方协商一致的情况下用商品、材料、设备等抵债;"以劳务偿债"——用劳动抵债等等。无论采取哪种方式清偿债务,其结果都会导致经济利益流出企业。

【小例子】

"吃不胖"快餐店于上月从银行借入 200 000 元期限为 6 个月的流动借款。

分析:这项交易于上月发生,此为"由过去的交易或事项形成";目前"吃不胖"快餐店欠银行 200 000 元,此为"现在企业所承担的义务",即负债 200 000 元。5 个月后借款期满,"吃不胖"快餐店按约定以转账形式还款付息,此为"清偿会导致经济利益流出企业"。

知识链接

《企业会计准则——基本准则》中规定,将一项义务确认为负债,需要符合负债的定义,并同时满足以下两个条件:

(1)与该义务有关的经济利益很可能流出企业;

(2)未来流出的经济利益的金额能够可靠地计量。

符合负债定义,但不符合负债确认条件的项目,不应确认为负债。

3. 负债的分类。负债按照流动性分为流动负债和非流动负债。

(1)流动负债。流动负债是指将在 1 年或者超过 1 年的一个正常营业周期内清偿的债务。主要包括短期借款、应付账款、预收账款、应付职工薪酬、应付股利、应交税费、其他应付款等。

- 短期借款是指企业向银行或者其他金融机构借入的、偿还期在 1 年以内(含 1 年)的各种借款。
- 应付账款是指企业因购买材料、商品或者接受劳务等而发生的债务。
- 预收账款是买卖双方根据协议的规定,由销货方预先向购货方收取的一部分货款而产生的一种负债。
- 应付职工薪酬是指企业根据有关规定应付给职工的各种薪酬。包括工资、职工福利、社会保险费、职工教育经费等。
- 应付股利是企业应付给投资者的现金股利。
- 应交税费是指企业按照税法规定计算应缴纳的各种税费所形成的一种负债。包括应交增值税、应交教育费附加等。
- 应付利息是指企业按照合同约定应支付的各种利息。
- 其他应付款是指以上各项之外的企业暂收或应付款。

[拓展阅读]

"吃不胖"快餐店的流动负债构成

(2)非流动负债。非流动负债是指流动负债以外的负债。主要包括长期借款、应付债券、长期应付款等。
- 长期借款是指企业向银行或者其他金融机构借入的、偿还期在1年以上的借款。
- 应付债券是企业为筹集长期资金而对外发行债券所形成的一种负债。
- 长期应付款是企业除长期借款、应付债券之外的其他一切长期应付款,包括应付融资租赁款等。

(三) 所有者权益

1. 所有者权益的定义。所有者权益又称为股东权益,是指企业所有者对企业净资产的要求权。这里的净资产,在数量上等于企业全部资产减去全部负债后的余额,下一节会结合会计等式详细阐释。

2. 所有者权益的特征。
- 所有者权益随投资者的投资行为而产生,其数额的大小取决于投资额及企业经营状况。
- 所有者权益一般不需要由企业归还给投资者,除非发生清算、减资的情况。
- 投资者可以依据其在企业所有者权益中实收资本(股本)部分所占的份额参与企业的利润分配。
- 所有者权益置于债权人权益之后,在企业清算时,企业的剩余财产在清偿所有负债后才返还给投资者。

3. 所有者权益的分类。所有者权益的来源包括所有者投入的资本、直接计入所有者权益的利得和损失、留存收益等。具体表现为实收资本(或股本)、资本公积、盈余公积和未分配利润等。
- 实收资本是指投资者按照企业章程或合同、协议的约定,实际投入企业的资本。它表现为企业的注册资本。
- 资本公积是指归所有者所共有的资本,包括投资者投入到企业的资本超过注册资本或股本中所占份额的部分,以及直接计入所有者权益的利得和损失。
- 盈余公积是指企业按照法律、法规规定从税后利润中提取的公积金。包括法定盈余公积和任意盈余公积等。盈余公积主要用来弥补企业以后年度可能发生的亏损,也可以用来转增注册资本金。
- 未分配利润是指企业的税后利润按照规定分配完毕以后的剩余部分。未分配利润留存在企业,可以在以后年度进行分配。

企业实现了利润,一般于下一年进行分配。根据我国《公司法》的有关规定,利润分配应按下列顺序进行:
(1) 弥补亏损;
(2) 提取法定盈余公积;
(3) 提取任意盈余公积;
(4) 向股东分配利润;
(5) 未分配利润。

其中所提取的盈余公积和未分配利润都留存在企业,形成企业的留存收益。

【小例子】

"吃不胖"快餐店刚创办时，获得了京州市天使基金公司450 000元的孵化基金投资，袁小帅等三人共同投资450 000元，公司的注册资本900 000元。相应地，京州市天使基金公司、袁小帅团队各占50%的股份。

一年后，袁小帅的好朋友投资6台抓娃娃机，总价值60 000元，其中，确认为实收资本的金额是30 000元，余下的30 000元计入资本公积。

（四）收 入

1. 收入的定义。收入是指企业在日常活动中形成的、会导致所有者权益增加的、与所有者投入资本无关的经济利益的总流入。

2. 收入的特征。

第一，收入从企业的日常活动中产生。日常活动是指企业为完成其经营目标所从事的经常性活动以及与之相关的活动，包括主营业务活动和其他业务活动。如工业企业制造并销售产品、商业企业销售商品、咨询公司提供咨询服务等，均属于企业的日常活动。

明确界定日常活动是为了将"收入"与"利得"相区分：企业的有些活动也会带来经济利益，如出售固定资产、接受捐赠等，这些活动不是企业的日常活动，故不属于收入的范畴，而是属于企业的利得。

第二，收入只包括本企业经济利益的流入，不包括为第三方或者客户代收的款项。例如，尽管销售商品时收到的增值税销项税额、代收的利息等也引起了经济利益的流入，但这类流入都是替第三方暂时保管的，故不属于收入。

第三，收入可能表现为企业资产的增加，或负债的减少，或两者兼而有之。例如，企业销售商品收到银行存款、应收账款等，则其资产增加；若以商品直接抵偿债务，则负债减少；若销售商品时部分抵偿债务，部分收取现金，则资产增加的同时负债减少。

第四，收入能导致企业所有者权益的增加。收入最终形成企业的利润，而利润为企业的所有者享有，即收入会导致所有者权益增加。不会导致所有者权益增加的经济利益流入，不是企业的收入。

第五，收入是与所有者投入资本无关的经济利益的总流入。经济利益的流入有时是所有者投入资本的增加所致，不应将所有者投入资本的增加所引起的经济利益流入确认为收入，而应当将其直接确认为所有者权益。

3. 收入的分类。收入按经营业务的主次不同，分为主营业务收入和其他业务收入。

● 主营业务收入是指企业为完成其经营目标而从事的主要业务活动所取得的收入，如制造业销售产品、提供工业性劳务的收入，商品流通企业销售商品的收入等。

● 其他业务收入是除主营业务活动以外的其他经营活动所取得的收入，如制造业对外销售材料的收入，商品流通企业转让无形资产使用权的收入。

提示：收入按性质不同，还可分为销售商品收入、提供劳务收入和让渡资产使用权收入。

● 销售商品收入是指企业对外销售商品而取得的收入。

- 提供劳务收入是指企业提供各种劳务服务而取得的收入等。如"吃不胖"快餐店节假日送餐上门服务的额外收费。
- 让渡资产使用权收入包括利息收入、使用费收入等。如出租固定资产取得的租金收入。

[拓展阅读]
"吃不胖"大学城分店的收入构成

（五）费 用

1. 费用的定义。费用是指企业在日常活动中发生的、会导致所有者权益减少的、与向所有者分配利润无关的经济利益的总流出。

2. 费用的特征。

第一，费用是在企业日常经营活动中发生的经济利益的总流出，而且能够可靠计量。例如，企业销售商品取得了收入，而在生产这些商品时必须要消耗原材料、要支付人工工资和其他相关费用。这些支出都是企业为了取得收入所付出的代价，因此，应将这种经济利益的流出作为费用。

与之相对应地，企业某些偶然发生的交易或事项也可能会发生经济利益的流出，如"吃不胖"大学城分店上个月3号未将垃圾堆放到指定的垃圾箱处，被环卫部门罚款200元，这是损失，而不是费用。

第二，费用可以表现为资产的减少，也可以表现为负债的增加，或者同时表现为资产的减少和负债的增加。

"吃不胖"的销售部用银行存款支付广告费1 000元，表现为资产的减少；本月尚未支付餐厅服务员的工资，表现为负债的增加。

第三，费用会导致企业所有者权益减少。费用所导致的经济利益流出，会引起所有者权益减少。如果不会引起所有者权益的减少，则不属于费用。

星光服装公司以20万元银行存款偿还前欠银行的借款，经济利益流出了企业，同时引起了负债减少，而不是所有者权益减少，所以，此20万元的经济利益流出不属于费用。

第四，费用与向所有者分配利润无关。向所有者分配利润也会导致经济利益流出企业，但不属于费用。

例如，"吃不胖"快餐店第一年税后净利润53万元，决定拿出15万元分给所有者。此分配行为会导致经济利益流出企业，但不属于费用。

3. 费用的分类。费用按照其是否直接记入产品成本可以划分为记入产品成本的费用和期间费用，其中"计入产品成本的费用"与一般意义上的"生产成本"意思基本相同。

（1）记入产品成本的费用：包括直接材料费用、直接人工费用和制造费用。

（2）期间费用：企业本期发生的不能直接或间接计入产品成本，而应直接计入当期损益的各项费用，包括销售费用、管理费用和财务费用。

- 销售费用是指企业在销售商品过程中发生的各种费用。
- 管理费用是指企业为组织和管理企业生产经营所发生的费用。
- 财务费用是指企业为筹集生产经营所需资金而发生的费用。

（六）利　润

利润是指企业在一定会计期间的经营成果。通常情况下，最有价值的三个利润指标分别是营业利润、利润总额和净利润。利润的计算公式如图 2-1 所示，在编制的利润表时这三个公式将发挥巨大作用。

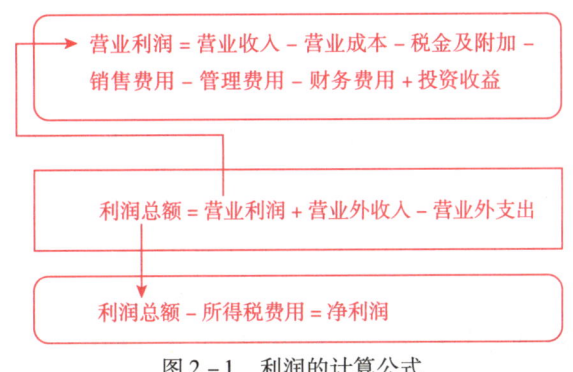

图 2-1　利润的计算公式

其中，营业外收入和营业外支出，是指企业发生的与日常活动没有直接关系的各项利得和各项损失。

三、会计要素计量

会计要素计量是为了将符合确认条件的会计要素登记入账并列报于财务报表而确定其金额的过程。

历史成本，又称为实际成本，即在取得某项财产物资时所实际支付的价款。历史成本是最重要的会计计量属性，一般情况下，企业应当采用历史成本对会计要素进行计量。

1. 在历史成本计量下，资产一般按照取得时实际支付的价款计量。

【小例子】

"吃不胖"快餐店在日落小道路口买了个门店，共计支付 100 万元，则该门店的历史成本为 100 万元。即该项资产的入账价值为 100 万元。一年后，日落小道这片区域被京州市规划为商业中心，该门店的市场价值上涨至为 200 万元。即便如此，在历史成本计量下，该门店的账面原值仍为 100 万元。

2. 在历史成本计量下,负债一般按照承担义务时实际收到的款项计量。

> 【小例子】
>
> "吃不胖"快餐店于5月1日从银行借入年利率为3%、期限为6个月的借款10万元。在确认短期借款的入账金额时,应以承担该项义务时(即5月1日)所实际收到的款项(即10万元)作为短期借款的入账金额,而不应以债务到期时偿还的金额($3\%/12 \times 6 \times 10 + 10 = 10.15$ 万元)入账。

第二节 会计要素之间的平衡关系

一、会计等式

六大会计要素的划分体现了企业的两个基本方面:投入企业的资金都变成了什么,以及这些资金是从哪里来的。

资产就是企业拥有的资源,代表着企业拿资金具体做了什么。例如,苹果公司2016年年报显示其资产高达3 217亿美元,这其中包括数百亿的现金、比重很低的存货和应收账款(iPhone等产品的销售和回款总是那么高效)、千亿级的长期投资等。相应地,负债和所有者权益代表企业获取资产的资金来源:哪些是从银行借的、哪些是欠员工和供应商的、哪些是股东投入的,等等。

另一方面,苹果公司2016年年报上的负债约1 934亿美元,所有者权益约1 283亿美元。不难发现,苹果公司的资产等于负债与所有者权益的金额之和。这一点可以直观地理解为进来的资金和使用的资金在数额上必定相等,代表着同一资金的两个方面,如图2-2所示。

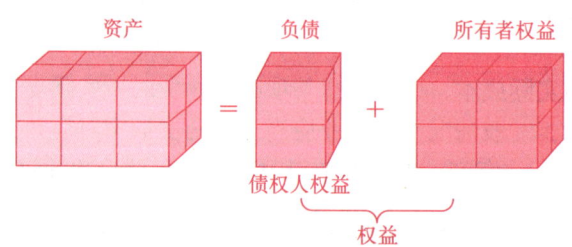

图2-2 资产总额与权益总额的平衡关系

我们将资产、负债和所有者权益三者间的这种相等关系表示为下面的会计等式:

资产 = 负债 + 所有者权益　　　　　　　　(静态的会计等式)

企业的资金运动在循环周转过程中，会发生收入和费用，收入减去费用就是企业的财务成果，即利润。收入、费用、利润三要素在资金动态情况下也存在平衡关系，其公式为：

收入－费用＝利润　　　　　　　　　　　　（动态的会计等式）

收入会使企业的资产增加（或负债减少），费用会使企业的资产减少（或负债增加）。两个公式合并，我们得到"资产＋收入－费用＝负债＋所有者权益＋利润"。每个会计期末企业的利润都要归入所有者权益并进行进一步分配，完成利润分配后，"（分配前的）所有者权益＋利润" ＝ "（分配后的）所有者权益"。这样我们就将资金运动的静态表现与动态表现有机地结合起来，六大会计要素被整理成拓展的会计等式：

资产＝负债＋所有者权益＋（收入－费用）　　　（拓展的会计等式）

会计等式揭示了各个会计要素之间的平衡关系，而且我们即将看到，这种平衡关系对于企业在任何一个时点上都是成立的。上述三个等式反映了各个会计要素的数量变化规律，它是我们接下来设置账户、复式记账和编制会计报表的理论依据，贯穿于会计核算方法的全过程。

> **想一想**
>
> 企业亏损的情况会影响会计等式吗？

二、交易或事项对会计等式的影响

企业在生产过程中会发生各种交易或事项，如购进设备与材料、发生和支付各项生产费用、出售产品和收回货款等。一般而言，作为交易或事项必须具备两个条件：一是能客观地用货币量度进行计价；二是可以改变六大会计要素的内容和内在联系。下面我们以"吃不胖"快餐店从筹办到开业第一个月的交易或事项说明其对会计等式的影响。

"吃不胖"快餐店成立之初，由风投公司和三位创始人共同注资900 000元，存入"吃不胖"快餐店的开户行。此时，快餐店的资产为900 000元，相应的所有者权益为900 000元。

资产　＝　负债　＋　所有者权益
900 000　＝　　0　　＋　　900 000

快餐店开业后，法人袁小帅又以公司名义从银行贷款100 000元，存入开户行。此时，公司资产为1 000 000元，负债为100 000元，所有者权益未发生变化，还是900 000元：

资产　　　＝　　负债　　＋　所有者权益
1 000 000　＝　100 000　＋　　900 000

快餐店在开始生产经营当月，就取得了110 000元的收入，共发生60 000元的费用，则月末，收支相抵后实现了50 000元的利润：

收入　－　费用　＝　利润
110 000　－　60 000　＝　50 000

这50 000元利润在未进行分配时，有：

资产	=	负债	+	所有者权益	+	利润
1 050 000	=	100 000	+	900 000	+	50 000

由于这部分利润由公司的所有者享有，50 000 元为增加的所有者权益。此时我们得到：

资产	=	负债	+	所有者权益
1 050 000	=	100 000	+	950 000

结合上例以及"三、综合举例"，我们观察到每笔交易或事项的发生带来了不同会计要素或同一会计要素中的不同项目的金额变动，而会计等式则始终成立。事实上，尽管企业在经营过程中所发生的交易多种多样，但从其对资产、负债和所有者权益的影响方式划分，不外乎以下九种类型：

（1）资产与负债同时等额增加，所有者权益不变；
（2）资产与负债同时等额减少，所有者权益不变；
（3）资产与所有者权益同时等额增加，负债不变；
（4）资产与所有者权益同时等额减少，负债不变；
（5）负债增加，所有者权益同时等额减少，资产不变；
（6）负债减少，所有者权益同时等额增加，资产不变；
（7）资产内部有增有减，增减金额相等，负债和所有者权益不变；
（8）负债内部有增有减，增减金额相等，资产和所有者权益不变；
（9）所有者权益内部有增有减，增减金额相等，资产和负债不变。

三、综合举例

将会计要素和会计等式结合起来，可以更具体地记录和分析交易或事项，下面我们以"吃不胖"快餐店的合作方小虎科技公司的几笔典型业务为例：

交易（1）：所有者的投资

京州这几年经济发展迅猛，对技术型企业的扶持力度不断加大。这也让过年期间连续加班，大年初五才得以调休回京州探望父母的软件工程师王江虎下定决心，放弃上海的高薪工作，回京州创业。3月1日，小虎科技公司正式成立。这家公司由王江虎个人出资创办，先期投资 300 000 元人民币，并已存入开户行。这笔交易使资产和所有者权益都发生了同样的变化：

	资产	=	负债	+	所有者权益
	银行存款	=			王江虎名下的资本
(1)	300 000	=			300 000

交易（2）：用银行存款购买设备

小虎科技公司3月3日花了 100 000 元购进开发用的计算机等设备。这笔交易使资产的组成发生了变化：现金存款减少 100 000 元，设备增加了 100 000 元。交易（2）和交易（1）的累计影响是：

	资产			=	负债	+	所有者权益
	银行存款	+	设备	=			王江虎名下的资本
期初金额	300 000			=			300 000
(2)	-100 000	+	100 000	=			
新余额	200 000		100 000	=			300 000

交易（3）：赊购办公用品

3月6日，王江虎从同一园区的办公用品供应商处购买了价值1 000元的打印纸和其他办公用品。供货商为了赢得新客户，同意小虎科技20天以后再付款。这属于一笔赊购，由于这些办公用品预期将带来未来收益，资产项增加，又因为20天后需要付款，所以负债也增加了。我们可以用下面的会计等式来反映这笔业务：

	资产					=	负债	+	所有者权益
	银行存款	+	设备	+	办公用品	=	应付账款	+	王江虎名下的资本
期初金额	200 000	+	100 000			=		+	300 000
(3)					1 000	=	1 000		
新余额	200 000	+	100 000	+	1 000	=	1 000	+	300 000

交易（4）：收到现金开发费

小虎科技的第一笔收入来自帮"吃不胖"快餐店开发扫码点餐的微信小程序。整个开发工作于3月25日完成，25日验收通过后以银行转账形式收到开发费50 000元。这笔交易是小虎科技典型的收入产生活动，它使资产（银行存款）增加了50 000元，收入增加了50 000元（回忆一下，收入可以增加所有者权益）。此笔交易后，会计等式的新平衡如下：

	资产					=	负债	+	所有者权益		
	银行存款	+	设备	+	办公用品	=	应付账款	+	王江虎名下的资本	+	收入
期初金额	200 000	+	100 000	+	1 000	=	1 000	+	300 000		
(4)	+50 000					=					+50 000
新余额	250 000	+	100 000	+	1 000	=	1 000	+	300 000	+	50 000

交易（5）：支付交易（3）中的应付账款

小虎科技用现金支付了交易（3）中1 000元的办公用品的账款。在交易（3）中，我们将这笔账款记录为资产和应付账款的增加，现在的这笔支付使现金和应付账款同时减少：

	资产					=	负债	+	所有者权益		
	银行存款	+	设备	+	办公用品	=	应付账款	+	王江虎名下的资本	+	收入
期初金额	250 000	+	100 000	+	1 000	=	1 000	+	300 000	+	50 000
(5)	-1 000					=	-1 000				
新余额	249 000	+	100 000	+	1 000	=	0	+	300 000	+	50 000

交易（6）：银行存款支付水电费

基础会计（第九版）

3月小虎科技通过网银共支付水电费5 000元，其中水费200元，电费4 800元。这笔交易使资产（银行存款）减少了5 000元，费用增加了5 000元（类似上例，费用会减少所有者权益）。交易（6）对会计等式的影响如下：

	资产			=	负债	+	所有者权益			
	银行存款 +	设备 +	办公用品	=	应付账款	+	王江虎名下的资本	+	收入	− 费用
期初金额	249 000 +	100 000 +	1 000	=		+	300 000	+	50 000	0
（6）	− 5 000			=						− 200
										− 4 800
新余额	244 000 +	100 000 +	1 000	=	0	+	300 000	+	50 000	− 5 000

从以上6笔交易中应当注意到，（1）每笔交易结束之后，会计等式依然保持；（2）某个交易发生后的新余额为下个交易的期初余额。把这六项交易叠加，我们可以考察它们的累计影响：

	资 产			=	负 债	+	所有者权益			
	银行存款 +	设备 +	办公用品	=	应收账款	+	王江虎名下的资本	+	收入	− 费用
交易（1）	300 000			=			300 000			
交易（2）	−100 000 +	100 000								
交易（3）		+	1 000	=	1 000					
交易（4）	+50 000							+	50 000	
交易（5）	−1 000				−1 000					
交易（6）	−5 000									200
				=						4 800
月底余额	244 000 +	100 000 +	1 000	=	0	+	300 000	+	50 000	5 000

知识梳理

◆ 会计要素就是根据交易或事项的经济特征所确定的会计对象的基本分类，共分六大类：资产、负债、所有者权益、收入、费用和利润。
◆ 会计等式是指会计要素之间的平衡关系。
   会计静态等式：资产＝负债＋所有者权益
   会计动态等式：收入－费用＝利润
   会计等式是设置账户、复式记账和编制会计报表的理论依据。
◆ 企业发生的交易事项多种多样，具体可以分为六种类型。另一方面，任何交易事项的发生，都不会改变会计等式的数量平衡关系。

第三单元
账户和复式记账

本单元重点
- ☐ 企业常用会计科目
- ☐ 复式记账的基本原理
- ☐ 账户对应关系
- ☐ 简单会计分录的编制
- ☐ 试算平衡表的编制
- ☐ 总分类账户与明细分类账户平行登记

第二单元的最后我们用会计等式对小虎科技有限公司首月的商业交易进行了分析，并且用表格形式表明了这些交易的累计影响。想象一下，如果"吃不胖"快餐店也用类似的表格来记录哪怕仅仅一天的交易，这么一张表将会多么庞杂：当日三家分店销售记录共计几千笔，付款方式包括现金、刷卡、支付宝、微信、礼金券等；如果加入就餐选择，那么外送和预约取餐需要收取额外费用；如果再包含套餐价格优惠、团购补贴、网上支付返现……这才仅仅是收入层面，我们还得考虑食材采购、设备耗费、人员工资、房租水电……显然，我们需要采用更系统、更高效的方式对企业的经济业务进行记录和核算——本单元将要介绍的会计科目和账户设置以及复式记账就是迈向现代会计分析方法的核心。

本单元将以会计等式为理论依据，通过设置账户和复式记账，对企业发生的交易或事项进行确认、计量和记录，从而系统地提供财务状况、经营成果和现金流量方面的会计信息。

第一节　会计科目

一、会计科目设置

企业的业务越多、内容越复杂，就越需要科学的归类和记录方式。同属资产，"吃不胖"快餐店收银机里的现金和赵四养殖场的蛋鸡差异巨大，但和星光服装公司保险柜里的现金却并无不同。为了求同存异，更好地记录交易事项，人们将六大会计要素进一步划分为具体的会计科目。

会计科目是按照经济业务的内容和经济管理的要求，对会计要素的具体内容进行分类核算的项目。

确定会计科目必须符合会计准则的要求，内涵明确、界限清楚，每一个会计科目反映一个特定的内容，不能遗漏。会计科目的设置必须符合以下原则：

（1）合法性原则。合法性原则是指所设置的会计科目应当符合会计法规及有关制度的规定，以保证各单位的会计信息真实、可比。

（2）相关性原则。相关性原则是指会计科目的设置应满足对外报告与对内管理的要求，向信息使用者提供相关信息。

（3）实用性原则。实用性原则是指应根据各单位的组织形式、所处行业、经营内容及业务种类等实际情况，在不违反会计准则中确认、计量和报告规定的前提下，各单位可自行增设、分拆、合并会计科目，以满足本单位实际需要。

二、会计科目分类

（一）按经济内容分类

会计科目按其归属的会计要素不同，可划分为资产类科目、负债类科目、所有者权益类科目、成本类科目和损益类科目五大类。

（1）资产类科目。如反映流动资产的"库存现金""银行存款""应收票据""应收账款""原材料""库存商品"等科目；反映非流动资产的"长期股权投资""固定资产""无形资产""长期待摊费用"等科目。

（2）负债类科目。如反映流动负债的"短期借款""应付票据""应付账款""应付职工薪酬"等科目；反映非流动负债的"长期借款"等科目。

（3）所有者权益类。如反映企业资本金的"实收资本""资本公积"科目；反映留存收益的"盈余公积""本年利润""利润分配"等科目。

（4）成本类。如反映制造成本的"生产成本""制造费用"等科目。

（5）损益类。是用来计算利润的科目，包括收入和费用两类。其中，收入类科目如"主营业务收入""其他业务收入"等；费用类科目如"主营业务成本""管理费用""财务费用"等。

常见的企业会计科目按其所反映的经济内容不同分类列示如下（见表3-1）。

（二）按其提供会计信息的详细程度分类

按其提供会计信息的详细程度，会计科目还可分为总分类科目和明细分类科目。

（1）总分类科目：又称总账科目或一级科目，是对会计要素具体内容进行总括分类，提供总括信息的会计科目。如"原材料""应付账款"等。

（2）明细分类科目：又称明细科目，是对总分类科目作进一步分类、提供更详细更具体会计信息的科目，反映的经济内容或提供的指标更详细具体，如在"应付账款"科目下按债权人名称设置明细科目。由于双方约定开发的软件交付验收后付款，则"吃不胖"快餐店可以开设明细科目"应付账款——小虎科技公司"。对于明细科目较多的总分类科目，可在总分类科目与明细分类科目之间设置二级科目。例如，星光服装公司在"原材料"总

表3-1　　　　　　　　　　　　常用会计科目参照表

编号	名称	编号	名称
一、资产类		二、负债类	
1001	库存现金	2001	短期借款
1002	银行存款	2201	应付票据
1012	其他货币资金	2202	应付账款
1101	交易性金融资产	2203	预收账款
1121	应收票据		合同负债
1122	应收账款	2211	应付职工薪酬
1123	预付账款	2221	应交税费
1131	应收股利	2231	应付利息
1132	应收利息	2232	应付股利
1164	合同资产	2241	其他应付款
1165	合同资产减值准备	2501	长期借款
1221	其他应收款	2502	应付债券
1231	坏账准备	2701	长期应付款
1401	材料采购	2711	专项应付款
1402	在途物资	2801	预计负债
1403	原材料	2901	递延所得税负债
1404	材料成本差异		三、共同类（略）
1405	库存商品		四、所有者权益类
1406	发出商品	4001	实收资本
1407	商品进销差价	4002	资本公积
1408	委托加工物资		其他综合收益
1471	存货跌价准备	4101	盈余公积
1501	债权投资	4103	本年利润
1502	其他债权投资	4104	利润分配
1503	其他权益工具投资		五、成本类
1511	长期股权投资	5001	生产成本
1512	长期股权投资减值准备	5101	制造费用
1521	投资性房地产	5201	劳务成本
1531	长期应收款	5301	研发支出
1601	固定资产	5401	合同履约成本
1602	累计折旧	5402	合同取得成本
1603	固定资产减值准备		六、损益类
1604	在建工程	6001	主营业务收入
1605	工程物资	6051	其他业务收入
1606	固定资产清理	6101	公允价值变动损益
1701	无形资产	6111	投资收益
1702	累计摊销	6301	营业外收入
1703	无形资产减值准备	6401	主营业务成本
1711	商誉	6402	其他业务成本
1801	长期待摊费用	6403	税金及附加
1811	递延所得税资产	6601	销售费用
1901	待处理财产损溢	6602	管理费用
		6603	财务费用
		6702	信用减值损失
		6701	资产减值损失
		6711	营业外支出
		6801	所得税费用
		6901	以前年度损益调整

[拓展阅读]

科目代码与财务软件操作

分类科目下按原材料类别开设"原料及主要材料""辅助材料""燃料"等二级科目；在"原料及主要材料"二级科目下，按材料的品种、规格开设明细科目。

总分类科目、明细分类科目的相互关系见表3-2。

表3-2

总分类科目 （一级科目）	明细分类科目	
	二级科目（子目）	明细科目（细目）
原材料	原料及主要材料	甲材料
		乙材料
	辅助材料	润滑油
		油漆
	燃料	焦炭
		汽油

[拓展阅读]

从会计对象到会计科目

第二节 账　户

一、账户的设置和分类

会计科目的确定，只是对会计的内容进行了科学的分类，确定了每个项目的名称。要对交易或事项进行连续、系统的登记，则必须为每个会计科目开设账户。例如，"吃不胖"的会计团队需要针对现金、服务收入、应付账款和职工工资等开设会计账户。

账户是根据会计科目开设的，具有一定格式和结构，用于分类反映会计要素增减变化及其结果的载体。

会计科目和账户的关系可以理解为你的学号和你在校情况记录的关系：学号是学生进校时分配的代号，它的编码规则可能反映了你的入学时间和专业等初始信息；而你在校期间的学习和生活情况，比如每学期迟到几次、历次考试成绩和受到何种奖励、你的校园卡的充值和消费情况，则可以通过检索你学号对应的相关信息记录获取。显然，学号类比科目，而学号对应的在校情况记录则可类比账户。

账户的分类则与会计科目的分类相对应：

（1）根据账户所反映的经济内容分为：资产类、负债类、所有者权益类、成本类、损益类账户。

（2）按所提供会计信息的详细程度不同及隶属关系不同分为：总分类账户、明细分类账户。

二、账户的功能与结构

（一）账户的功能

账户的功能在于连续、系统、完整地提供企业经济活动中各会计要素增减变动及其结果的具体信息。

（1）账户所提供的会计要素在特定会计期间增加和减少的金额，分别称为账户的"本期增加发生额"和"本期减少发生额"，二者统称为账户的"本期发生额"。

（2）会计要素在会计期末的增减变动结果，称为账户的"余额"，具体表现为期初余额和期末余额，账户上期的期末余额转入本期，即为本期的期初余额；账户本期的期末余额转入下期，即为下期的期初余额。

（3）账户的期初余额、期末余额、本期增加发生额和本期减少发生额统称为账户的四个金额要素。对于同一账户而言，它们之间的基本关系为：

期末余额＝期初余额＋本期增加发生额－本期减少发生额

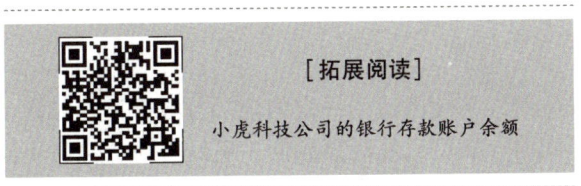

[拓展阅读]

小虎科技公司的银行存款账户余额

（二）账户的结构

账户的结构是指账户的组成部分及其相互关系。账户通常由以下内容组成：

（1）账户名称，即会计科目；
（2）日期，即所依据记账凭证中注明的日期；
（3）凭证字号，即所依据记账凭证的编号；
（4）摘要，即经济业务的简要说明；
（5）金额，即增加额、减少额和余额。

在借贷记账法下，一般账户的格式如表3－3所示。

表 3-3　　　　　　　　　　账户的常见格式

账户名称：（会计科目）

年		凭证号数	摘　要	借　方	贷　方	借或贷	余　额
月	日						

为了便于说明，习惯上将上述账户的结构简化为"T"字形。T 形账户的格式为：（1）抬头为账户名称；（2）左边代表"借方"，登记借方发生额；（3）右边代表"贷方"，登记贷方发生额。T 形账户如图 3-1 所示。

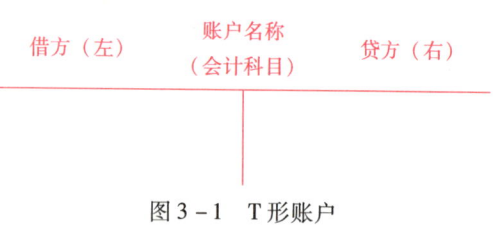

图 3-1　T 形账户

T 形账户是会计中的一种标准速记方法，可以帮助我们尽快理清经济交易对各个账户的影响。本书将经常用到 T 形账户来解释基本的会计关系。

第三节　复式记账

本节主要介绍借贷记账法的记账规则和借贷记账法的运用，这是会计学和会计日常工作中非常重要的内容，也是会计账务处理的基础。

一、复式记账原理

记账就是把企业发生的经济业务运用一定的记录方法登记在账簿上。第二单元分析交易或事项对会计等式的影响时，我们已经观察到同一笔经济业务会对不同会计要素或者同一会计要素中的不同项目产生等金额、反方向的作用，从而保持会计等式始终成立。

以星光服装公司为例，该公司本月接到一笔"吃不胖"日落小道分店为员工定制夏季服装的订单，随即用 5 000 元银行存款购买了订单中要求的特制面料。这笔业务使其资产的内部构成发生变化，即在"银行存款"账户减少 5 000 元的同时，其"原材料"账户增加了价值 5 000 元的面料。在本例中，买材料是"因"，存款支出是"果"，而复式记账法，就是一种可以体现经济业务前因后果的记账方法。

复式记账法，就是对发生的每一项交易或事项都以相等的金额同时在两个或两个以上相互联系的账户中进行登记的一种记账方法。

采用复式记账法，任何一笔经济业务都要在两个或者两个以上账户中，以相等的金额，相互联动地记账。复式记账法的主要优点是：

（1）能够全面反映每项交易或事项引起的资产、权益的变化及其结果。

（2）能使账户之间保持相应平衡关系，便于通过两个或两个以上账户的对应关系检查账户记录的正确性。

目前，世界各国普遍采用的复式记账法是借贷记账法，那么什么是借贷记账法，会计人员常说的"借贷平衡"又是怎么回事？下面将重点讲解。

二、借贷记账法

借贷记账法是以"借""贷"作为记账符号的一种复式记账方法。

（一）借贷记账法的记账符号和记录方法

"借"和"贷"二字表示记账符号，反映交易或事项发生所引起的会计要素的增减变化。

这里的"借"和"贷"表示一笔经济业务入账时，应计入账户的哪个方向。即在借贷记账法下，账户分为左右两边，左边称为"借方"，右边称为"贷方"。在账户的左边记入金额称为"借记"该账户，在右边记入金额称为"贷记"该账户。账户中的借方和贷方代表了账户中登记经济业务数据的方位，它是一种会计习惯和规则，就像在大部分国家，汽车在马路上要靠右行驶一样。

在借贷记账法下，账户的记录可分为资产类（包括成本和费用）和负债及所有者权益类（包括收入）两大类别。资产类账户的借方登记增加额，贷方登记减少额；负债及所有者权益类账户的借方登记减少额，贷方登记增加额。

按上述方式"借"和"贷"不同账户的记录方法是建立在会计等式的基础上的，由于资产在会计等式的左边，其增加额就在借方（减少额在贷方），负债和所有者权益在等式的右边，则增加额就在贷方（减少额在借方）。按这种记录方法登记后，既保证了借方等于贷方，也保证了会计等式的平衡。我们可以给静态的会计等式加入账户结构（见图3-2）。

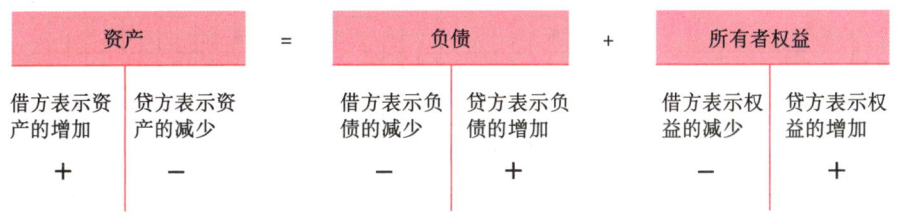

图3-2　会计等式中的借方和贷方

接下来，我们分别介绍借贷记账法下各会计要素对应的账户结构。

(二) 借贷记账法的账户结构

1. 资产类账户。资产类账户用来记录和反映各项资产的增减变动,其借方登记增加额,贷方登记减少额,余额一般为借方余额,反映资产的实有数。

登记资产类账户时,首先将期初余额记入账户余额栏中,并注明是借方余额,然后按照交易或事项发生的时间顺序进行登记。本期发生的增加数登记在借方,本期发生的减少数登记在贷方,计算本期借方发生额合计和贷方发生额合计,最后计算出期末余额。资产类账户的期末余额计算公式为:

$$借方期末余额 = 期初借方余额 + 本期借方发生额 - 本期贷方发生额$$

资产类账户的结构如图3-3所示。

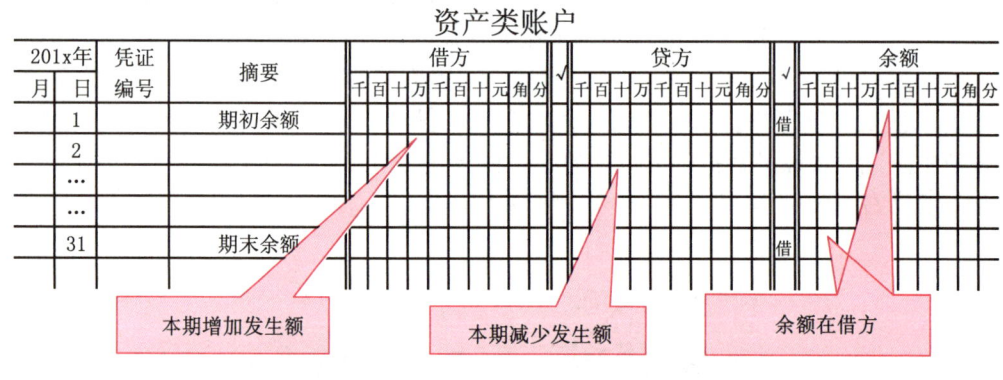

图3-3

2. 负债类、所有者权益类账户。负债类、所有者权益类账户的记录方法相同,即负债和所有者权益的增加金额记入账户的贷方,减少金额记入账户的借方。账户若有余额,一般为贷方余额,表示期末负债余额和期末所有者权益余额。负债类、所有者权益类账户期末余额的计算公式为:

$$贷方期末余额 = 期初贷方余额 + 本期贷方发生额 - 本期借方发生额$$

负债类、所有者权益类账户的结构如图3-4所示。

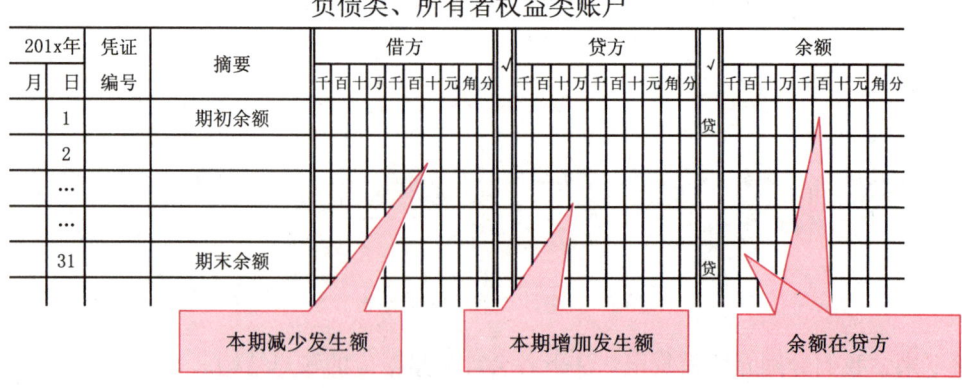

图3-4

3. 成本类账户。企业进行生产活动必然要发生人力、物力和财力消耗，其中直接材料、直接人工和制造费用，构成产品的实际成本，亦称制造成本。产品完成后，即转化为产成品，最终会形成企业的另一种资产。例如，星光公司用布料作原料加工服装，在加工过程中，要消耗布料、支付人工薪酬、损耗机器设备等，这些价值最终会形成企业的另一种资产——服装。所以，成本类账户与资产类账户结构类似。成本类账户的结构如图3-5所示。

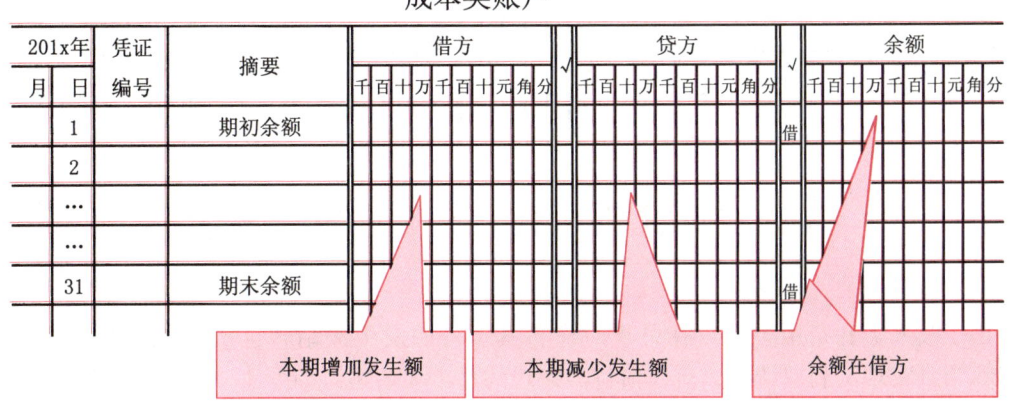

图 3-5

4. 损益类账户。

损益类账户包括收入类和费用类账户。

（1）收入类账户：企业收入除主营业务收入外，还有其他业务收入、营业外收入等。收入的取得将引起所有者权益的增加，因此其账户结构类似所有者权益类账户，贷方登记收入增加，借方登记收入减少或转销额。收入类账户的结构如图3-6所示。

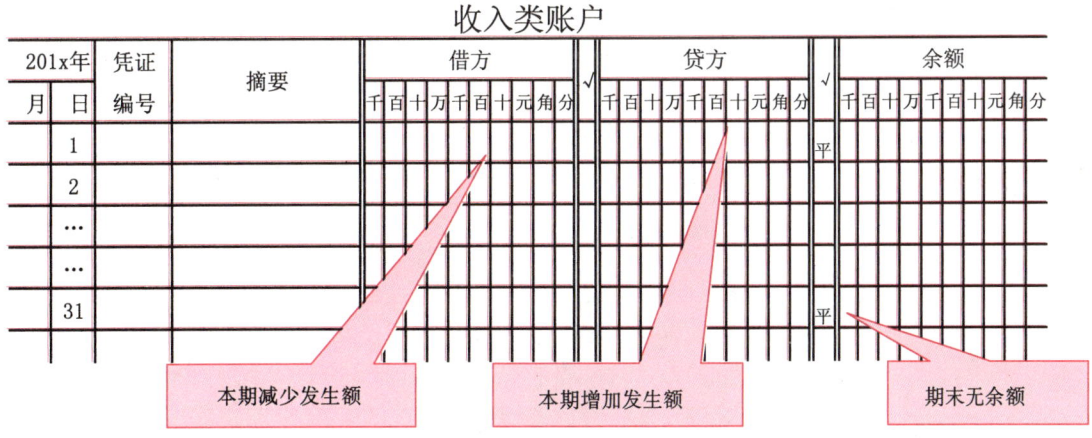

图 3-6

（2）费用类账户：费用是在企业生产经营过程中发生的各种耗费。费用实质上导致了销售收入的减少，也使所有者权益减小。因为所有者权益减少时记入借方，所以费用发生时也记入借方，而费用减少或转销时则记入贷方。费用类账户的结构如图3-7所示。

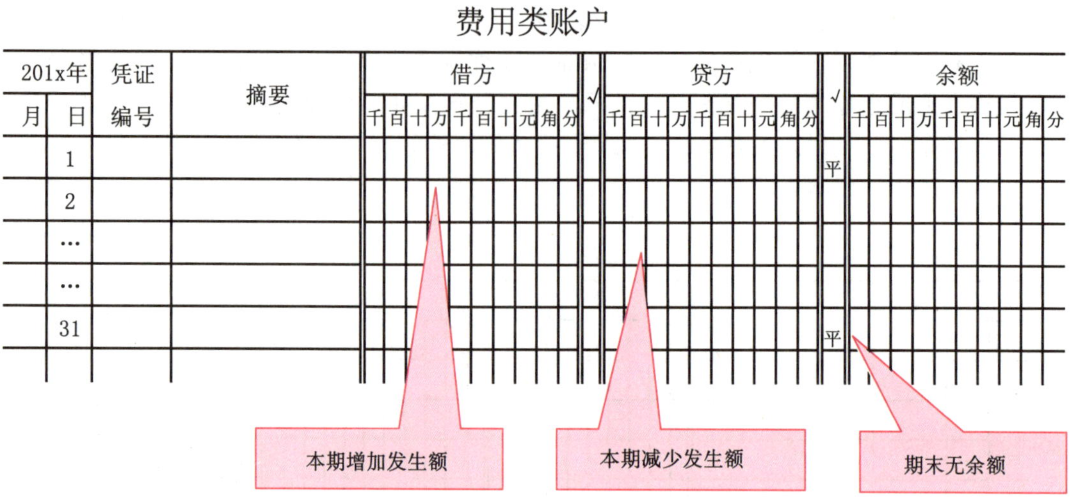

费用类账户

201x年		凭证编号	摘要	借方 千百十万千百十元角分	✓	贷方 千百十万千百十元角分	✓	余额 千百十万千百十元角分
月	日							
	1							
	2							
	…							
	…							
	31					平		平

本期增加发生额　　本期减少发生额　　期末无余额

图 3-7

由于收入类和费用类账户在月末时应将其本月的发生额结转至"本年利润"账户中，以计算当月实现的利润情况，所以损益类账户的月末无余额，如图 3-6 和图 3-7 所示。

[拓展阅读]
实务工作中的各类账户登记

用 T 形账户可以将这几类账户的共性与个性提炼出来，如图 3-8 所示：

借方	资产类、成本类账户	贷方		借方	负债类、所有者权益类账户	贷方
期初余额						期初余额
本期增加额		本期减少额			本期减少额	本期增加额
本期借方发生额合计		本期贷方发生额合计			本期借方发生额合计	本期贷方发生额合计
期末余额						期末余额

借方	收入类账户	贷方		借方	费用类账户	贷方
本期减少额		本期增加额		本期增加额		本期减少额
本期转出额						本期转出额
本期借方发生额合计		本期贷方发生额合计		本期借方发生额合计		本期贷方发生额合计

图 3-8

各类账户结构的比较如表3-4所示。

表3-4　　　　　　　　　　各类账户结构的比较

账户	借方	贷方	余额	举例
资产类账户	增加	减少	借方	银行存款、应收账款
负债类账户	减少	增加	贷方	应付账款、短期借款
所有者权益类账户	减少	增加	贷方	实收资本、本年利润
成本类账户	增加	减少	借方	生产成本、制造费用
收入类账户（损益类）	减少	增加	期末结转后无余额	主营业务收入、营业外收入
费用类账户（损益类）	增加	减少	期末结转后无余额	管理费用、主营业务成本

知识链接

在借贷记账法下，可以设置既具有资产性质，又具有负债性质的双重性质的账户。比如实务操作中"应收账款"和"预收账款"可以合并成一个账户，"应付账款"和"预付账款"也可以合并成一个账户。双重账户的性质不是固定的，需要根据账户余额的方向来判断。如果余额在借方就是资产类账户，余额在贷方就是权益类账户。当然，这种情况很少，绝大部分账户的性质是固定的。

（三）记账规则

借贷记账法以"有借必有贷，借贷必相等"作为记账规则。这一规则要求对于每项交易或事项，都要在记入一个账户借方的同时，记入另一个账户或几个账户的贷方；或者在记入一个账户的贷方的同时，记入另一个账户或几个账户的借方，而且记入借方的金额必须等于记入贷方的金额。下面以星光服装公司6月份发生的经济业务为例进行说明。

【例3-1】 6月1日，星光服装公司收到某投资者投入的货币资金30 000元，存入银行。

分析： 资产类账户"银行存款"增加，记借方；所有者权益类账户"实收资本"增加，记贷方。

【例3-2】 6月10日，星光服装公司将现金8 000元存入银行存款户。

分析： 资产类账户"银行存款"增加，记借方；资产类账户"库存现金"减少，记贷方。

【例3-3】 6月15日，星光服装公司以银行存款偿还前欠东方公司的货款8 600元，归还应付其他款项8 800元。

分析：负债类账户"应付账款"减少，记借方；负债类账户"其他应付款"减少，记借方；资产类账户"银行存款"减少，记贷方。

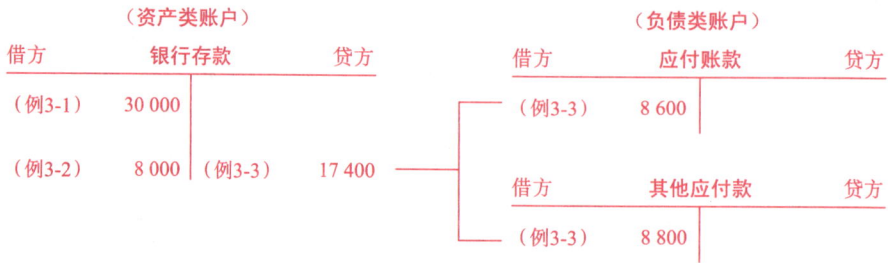

【例3-4】 6月22日，星光服装公司从银行取得短期借款7 000元，直接偿还前欠外单位的货款。

分析：负债类账户"短期借款"增加，记贷方；负债类账户"应付账款"减少，记借方。

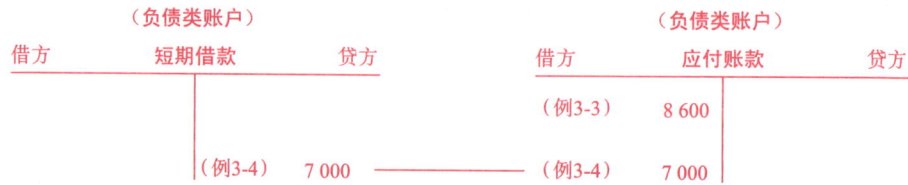

可以看到，以上四项交易引起的资产类、负债类和所有者权益类账户的变化都符合"有借必有贷，借贷必相等"的记账规则。

（四）试算平衡

试算平衡是指根据"资产＝负债＋所有者权益"的恒等关系以及借贷记账法的记账规则，检查所有账户记录是否正确的一种方法。

借贷记账法下记录的每一笔经济业务，都按照"有借必有贷，借贷必相等"的规则进行记录，记录的数额借方与贷方相等。这样记录的结果，意味着所有账户借方发生额合计数必然等于所有账户贷方发生额合计数；期末结账后，所有账户的借方余额合计数也必然等于所有账户贷方余额合计数。

上述平衡关系可用发生额平衡公式或余额平衡公式表示如下：

发生额平衡公式为：

所有账户本期借方发生额合计数＝所有账户本期贷方发生额合计数

余额平衡公式为：

所有账户期初借方余额合计数＝所有账户期初贷方余额合计数
所有账户期末借方余额合计数＝所有账户期末贷方余额合计数

在会计工作中，大量的经济业务需要登记入账，在登记账户的过程中可能发生用错账户、记错方向、错记金额等问题，这就有必要对登账结果进行试算平衡。实务工作中，试算平衡是通过编制试算平衡表进行的。

试算平衡表通常是在期末结出各账户的本期发生额合计和期末余额后编制的，试算平衡表中一般应设置"期初余额""本期发生额"和"期末余额"三大栏目，其下分设"借方"和"贷方"两个小栏。各大栏中的借方合计与贷方合计应该平衡相等，如不平衡，则一定存在记账错误。为了简化表格，试算平衡表也可只根据各个账户的本期发生额编制，不填列各账户的期初余额和期末余额。如表3-5，即为简化的发生额试算平衡表。

以星光服装公司为例，根据上述例题3-1至例3-4的4笔经济业务记录，编制的发生额试算平衡表如表3-5所示。

表3-5　　　　　　　　发生额试算平衡表　　　　　　　　单位：元

账户名称	本期发生额	
	借方	贷方
库存现金		8 000
银行存款	38 000	17 400
短期借款		7 000
应付账款	15 600	
其他应付款	8 800	
实收资本		30 000
合计	62 400	62 400

想一想

账户记录的结果，经过试算平衡了就说明肯定正确，这种说法对吗？

小测试

请用借贷记账法处理第二单元最后小虎科技公司的6笔业务，并进行试算平衡。

三、账户对应关系与会计分录

（一）账户的对应关系和对应账户

在借贷记账法下，要求对每一项交易或事项都在两个或两个以上账户中进行登记，这样所记账户之间就形成了相互依存关系，这种关系称为账户的对应关系。构成对应关系的账户，称为对应账户。例如，"吃不胖"快餐店的出纳小青到银行提取现金，这笔业务涉及"库存现金"账户的增加（借方）和"银行存款"账户的减少（贷方），则这两个账户互为对应账户。

（二）会计分录

会计分录，是指对每笔交易或事项涉及的账户名称、金额和应借应贷方向进行的记录，简称分录。经济业务发生或完成时，按取得的原始凭证编制会计分录，作为记账的依据（实际工作中，会计分录是写在记账凭证中的，记账凭证的填制将在第六单元介绍）。

基础会计（第九版）

为了更好地掌握借贷记账法的记账规则，必须学会书写会计分录。对于初学者，会计分录的编制一般可按以下四个步骤进行：

（1）确定每一项交易或事项影响的账户及其性质；
（2）确定受影响的账户是增加还是减少；
（3）根据受影响的账户性质及其增加或减少情况，确定记入该账户的借方还是贷方；
（4）确定借方和贷方金额是否相符。

现对例3-1至例3-4中的4项交易和事项编制会计分录如下：

（1）借：银行存款　　　　　　　　　　　　　　　　30 000
　　　　贷：实收资本　　　　　　　　　　　　　　　　30 000
（2）借：银行存款　　　　　　　　　　　　　　　　 8 000
　　　　贷：库存现金　　　　　　　　　　　　　　　　 8 000
（3）借：应付账款　　　　　　　　　　　　　　　　 8 600
　　　　其他应付款　　　　　　　　　　　　　　　　 8 800
　　　　贷：银行存款　　　　　　　　　　　　　　　17 400
（4）借：应付账款　　　　　　　　　　　　　　　　 7 000
　　　　贷：短期借款　　　　　　　　　　　　　　　 7 000

上述每笔会计分录都是对该笔交易的完整叙述，如第（1）项"银行存款"借方发生额30 000元，其对应账户就是"实收资本"，这笔分录反映了企业收到投资者投入资本30 000元存入企业银行存款账户的全貌。

注意，会计分录书写的形式，先写借、后写贷，借贷上下错开两个字，说明它们是对应账户保持平衡关系。如需要注明明细科目的，应在总分类科目与明细分类科目之间加一破折号。金额用阿拉伯数字，金额后面不写元。相同方向的金额对齐，借、贷两方金额错开，便于试算平衡。

会计分录有简单会计分录与复合会计分录之分，简单会计分录是只涉及两个账户的会计分录，即一借一贷的会计分录，如上述第（1）、（2）、（4）项会计分录；复合会计分录是涉及两个以上账户的会计分录，即一借多贷、一贷多借或多借多贷，如上述第（3）项会计分录。复合会计分录也可以写成简单会计分录，如第（3）项分录可写成：

　　　借：应付账款　　　　　　　　　　　　　　　　 8 600
　　　　贷：银行存款　　　　　　　　　　　　　　　 8 600
　　　借：其他应付款　　　　　　　　　　　　　　　 8 800
　　　　贷：银行存款　　　　　　　　　　　　　　　 8 800

四、对经济业务进行复式记账

为了掌握本单元所讲的账户设置和借贷记账法，以便将来在工作中熟练运用，需要在课上和课下进行大量练习。我们以刘能养殖基地为例，练习一遍"编制会计分录——根据分录进行登账——编制试算平衡表"的流程，更系统的学习留待下一单元。

（一）编制会计分录

为了和赵四养殖场竞争，同村的刘能养殖基地最近在进行转型升级，本期发生如下业务：
(1) 以银行存款 50 000 元购入进口鸡饲料一批。
　　借：原材料　　　　　　　　　　　　　　　　　50 000
　　　　贷：银行存款　　　　　　　　　　　　　　　　　50 000
(2) 从银行取得短期借款 140 000 元，偿还前欠小虎科技公司的养殖管理软件开发款。
　　借：应付账款　　　　　　　　　　　　　　　　140 000
　　　　贷：短期借款　　　　　　　　　　　　　　　　　140 000
(3) 购入有机料一批，价值 30 000 元，有机料已收到，款未付。
　　借：原材料　　　　　　　　　　　　　　　　　30 000
　　　　贷：应付账款　　　　　　　　　　　　　　　　　30 000
(4) 以银行存款 80 000 元，归还到期的短期借款。
　　借：短期借款　　　　　　　　　　　　　　　　80 000
　　　　贷：银行存款　　　　　　　　　　　　　　　　　80 000
(5) 收到外商投入的多用途自动饲养喂食机一台，价值 90 000 元。
　　借：固定资产　　　　　　　　　　　　　　　　90 000
　　　　贷：实收资本　　　　　　　　　　　　　　　　　90 000
(6) 将长期借款 70 000 元，暂时转入资本金。
　　借：长期借款　　　　　　　　　　　　　　　　70 000
　　　　贷：实收资本　　　　　　　　　　　　　　　　　70 000
(7) 将 40 000 元的盈余公积金，转作资本金。
　　借：盈余公积　　　　　　　　　　　　　　　　40 000
　　　　贷：实收资本　　　　　　　　　　　　　　　　　40 000
(8) 用银行存款归还投资者王大拿的投入资本 50 000 元。
　　借：实收资本　　　　　　　　　　　　　　　　50 000
　　　　贷：银行存款　　　　　　　　　　　　　　　　　50 000
(9) 以盈余公积 20 000 元给投资者发放利润。
　　借：盈余公积　　　　　　　　　　　　　　　　20 000
　　　　贷：应付利润　　　　　　　　　　　　　　　　　20 000

（二）根据编制的会计分录进行登账

借方	原材料	贷方	借方	银行存款	贷方
期初余额：	170 000		期初余额：	230 000	
(1)	50 000				(1) 50 000
(3)	30 000				(4) 80 000
					(8) 50 000
本期发生额	80 000	本期发生额　0	本期发生额　0		本期发生额　180 000
期末余额	250 000		期末余额　50 000		

借方	固定资产		贷方		借方	应付账款		贷方
期初余额:	800 000						期初余额:	170 000
(5)	90 000				(2)	140 000		
							(3)	30 000
本期发生额	90 000	本期发生额	0		本期发生额	140 000	本期发生额	30 000
期末余额	890 000						期末余额	60 000

借方	短期借款		贷方		借方	长期借款		贷方
		期初余额	30 000				期初余额:	150 000
		(2)	140 000				(6)	70 000
(4)	80 000							
本期发生额	80 000	本期发生额	140 000		本期发生额	70 000	本期发生额	0
		期末余额	90 000				期末余额	80 000

借方	实收资本		贷方		借方	盈余公积		贷方
		期初余额:	550 000				期初余额:	300 000
		(5)	90 000		(7)	40 000		
		(6)	70 000		(9)	20 000		
(8)	50 000	(7)	40 000					
本期发生额	50 000	本期发生额	200 000		本期发生额	60 000	本期发生额	0
		期末余额	700 000				期末余额	240 000

借方	应付利润		贷方
		(9)	20 000
本期发生额	0	本期发生额	20 000
		期末余额	20 000

(三) 编制试算平衡表 (见表3-6)

表3-6　　　　　　刘能养殖基地本期试算平衡表　　　　　　单位:元

账户名称	期初余额		本期发生额		期末余额	
	借方	贷方	借方	贷方	借方	贷方
银行存款	230 000			180 000	50 000	
原材料	170 000		80 000		250 000	
固定资产	800 000		90 000		890 000	
短期借款		30 000	80 000	140 000		90 000
应付账款		170 000	140 000	30 000		60 000
应付利润				20 000		20 000
长期借款		150 000		70 000		80 000
实收资本		550 000	50 000	200 000		700 000
盈余公积		300 000		60 000		240 000
合计	1 200 000	1 200 000	570 000	570 000	1 190 000	1 190 000

> **想一想**
> 刘能养殖中心会计期末比期初净资产增加了多少?这对该企业有利吗?

五、总分类账户与明细分类账户的平行登记

账户按照对经济内容反映的详细程度,可以划分为总分类账户与明细分类账户。总分类账户与明细分类账户尽管反映经济内容的详细程度不同,但二者核算的内容是相同的,登记的原始依据也是共同的。因此,总分类账户与明细分类账户采取平行登记的方法。所谓平行登记,就是对每一项交易或事项,既要记入有关的总分类账户,又要记入所属的明细分类账户。

总分类账户与明细分类账户平行登记的要点和方法如下:

(1) 登记依据相同。对于每一项交易或事项,都要以相关的会计凭证为依据,既要记入有关的总分类账户,又要记入所属的明细分类账户。

(2) 登记期间一致。对于每一项交易或事项在登记有关总分类账户和所属的明细分类账户时,可以有先后,但必须在同一个会计期间全部登完。

(3) 登记方向相同。对于每一项交易或事项,记入总分类账户的方向应与记入所属明细分类账户的方向一致。即如果总分类账户的金额记入借方(或贷方),明细分类账户也必须记入借方(或贷方)。

(4) 登记金额相等。对于每一项交易或事项,记入总分类账户的金额必须与记入所属明细分类账户的金额之和相等。

总分类账户与明细分类账户平行登记结果,二者之间本期发生额及期末余额就形成如下关系:

总分类账户期初借(或贷)方余额=所属明细分类账户期初借(或贷)方余额之和
总分类账户本期借(或贷)方发生额=所属明细分类账户本期借(或贷)方发生额之和
总分类账户期末借(或贷)方余额=所属明细分类账户期末借(或贷)方余额之和

【平行登记实训】

(1) 星光服装有限责任公司201×年1月1日有关账户余额情况如表3-7所示。

表3-7

账户名称		金 额		备 注
总账	明细账	总账	明细账	
原材料		30 000		
	甲材料		20 000	数量250千克,单价80元
	乙材料		10 000	数量250千克,单价40元
应付账款		10 000		
	国泰公司		4 000	
	民安公司		6 000	

(2) 1月份星光服装有限责任公司发生下列经济业务（假设不考虑相关税金）：

【业务1】 1月5日，从国泰公司购进甲材料500千克，单价80元，价款40 000元；从民安公司购进乙材料800千克，单价40元，价款32 000元。材料已验收入库，货款尚未支付。编制会计分录如下：

  借：原材料——甲材料   40 000
       ——乙材料   32 000
    贷：应付账款——国泰公司   40 000
        ——民安公司   32 000

【业务2】 1月8日，生产A产品领用甲材料250千克，单价80元；领用乙材料200千克，单价40元。编制如下会计分录：

  借：生产成本——A产品   28 000
    贷：原材料——甲材料   20 000
        ——乙材料   8 000

【业务3】 1月16日，以银行存款归还前欠国泰公司材料款40 000元，归还民安公司材料款12 000元。编制如下会计分录：

  借：应付账款——国泰公司   40 000
        ——民安公司   12 000
    贷：银行存款   52 000

根据【业务1】至【业务3】所编制的会计分录，登记原材料总分类账户和原材料明细分类账户。如表3-8至3-10所示。

表3-8   总 分 类 账

账户名称：原材料   单位：元

201×年		凭证号数	摘 要	借 方	贷 方	借或贷	余 额
月	日						
1	1		期初余额			借	30 000
	5	1	材料入库	72 000		借	102 000
	8	2	生产领料		28 000	借	74 000
	31		本月合计	72 000	28 000	借	74 000

表3-9   原材料明细分类账

类别：甲材料   品名   规格（略）   单位：千克

201×		凭证号数	摘 要	收 入			发 出			结 存		
月	日			数量	单价	金额	数量	单价	金额	数量	单价	金额
1	1		期初结存							250	80	20 000
	5	1	购入	500	80	40 000				750	80	60 000
	8	2	生产领用				250	80	20 000	500	80	40 000
	31		本月合计	500	80	40 000	250	80	20 000	500	80	40 000

表 3-10　　　　　　　　　　　　原材料明细分类账

类别：乙材料　　　　　品名　　　　规格（略）　　　　　　　　　　　　　单位：千克

201×		凭证号数	摘要	收入			发出			结存		
月	日			数量	单价	金额	数量	单价	金额	数量	单价	金额
1	1		期初结存							250	40	10 000
	5	1	购入	800	40	32 000				1 050	40	42 000
	8	2	生产领用				200	40	8 000	850	40	34 000
	31		本月合计	800	40	32 000	200	40	8 000	850	40	34 000

根据【业务1】至【业务3】所编制的会计分录，登记应付账款总分类账户和应付账款明细分类账户。如表3-11至3-13所示。

表 3-11　　　　　　　　　　　　　总 分 类 账 户

账户名称：应付账款　　　　　　　　　　　　　　　　　　　　　　　　　　单位：元

201×年		凭证号数	摘要	借方	贷方	借或贷	余额
月	日						
1	1		期初余额			贷	10 000
	5	1	购料欠款		72 000	贷	82 000
	16	3	偿还货款	52 000		贷	30 000
	31		本月合计	52 000	72 000	贷	30 000

表 3-12　　　　　　　　　　　　　应付账款明细账

明细科目：国泰公司　　　　　　　　　　　　　　　　　　　　　　　　　　单位：元

201×年		凭证号数	摘要	借方	贷方	借或贷	余额
月	日						
1	1		期初余额			贷	4 000
	5	1	购料欠款		40 000	贷	44 000
	16	3	偿还货款	40 000		贷	4 000
	31		本月合计	40 000	40 000	贷	4 000

表 3-13　　　　　　　　　　　　　应付账款明细账

明细科目：民安公司　　　　　　　　　　　　　　　　　　　　　　　　　　单位：元

201×年		凭证号数	摘要	借方	贷方	借或贷	余额
月	日						
1	1		期初余额			贷	6 000
	5	1	购料欠款		32 000	贷	38 000
	16	3	偿还货款	12 000		贷	26 000
	31		本月合计	12 000	32 000	贷	26 000

总分类账户与所属明细分类账户采取了平行登记方法，登记的结果对不对，是否平衡，需要通过编制"本期发生额及余额表"（见表3-14和表3-15）来进行试算。

表3-14　　　　　　　　原材料明细账户本期发生额及余额表　　　　　　　　单位：元

账户名称	计量单位	单价	期初余额		本期发生额				期末余额	
					收　入		发　出			
			数量	金额	数量	金额	数量	金额	数量	金额
甲材料	千克	80	250	20 000	500	40 000	250	20 000	500	40 000
乙材料	千克	40	250	10 000	800	32 000	200	8 000	850	34 000
合计				30 000		72 000		28 000		74 000

表3-15　　　　　　　　应付账款明细账户本期发生额及余额表　　　　　　　　单位：元

明细账户	期初余额		本期发生额		期末余额	
	借　方	贷　方	借　方	贷　方	借　方	贷　方
国泰公司		4 000	40 000	40 000		4 000
民安公司		6 000	12 000	32 000		26 000
合计（总账）		10 000	52 000	72 000		30 000

通过这两种平衡关系的试算，可以查明总分类账户与明细分类账户平行登记是否正确、完整。如果发现不平衡，应立即查明原因予以更正。

知识梳理

◆ 会计科目是对会计要素的具体内容进行分类核算的项目。
　　会计科目按经济内容分类：资产类、负债类、所有者权益类、成本类、损益类；
　　会计科目按所提供会计信息的详细程度分类：总分类科目、明细分类科目。
◆ 账户是根据会计科目开设的，具有一定格式和结构，用于分类反映会计要素增减变化及其结果的载体。设置账户是会计核算的重要方法之一。
　　账户的发生额与余额：期末余额＝期初余额＋本期增加发生额－本期减少发生额
◆ 企业会计核算采用借贷记账法。
　　借贷记账法的记账规则："有借必有贷，借贷必相等"。

第四单元
主要经济业务的核算

本单元重点
- ☐ 筹集资金过程的核算
- ☐ 材料采购过程的核算
- ☐ 生产过程的核算
- ☐ 销售过程的核算
- ☐ 利润形成及分配过程的核算

第一节 筹集资金过程的核算

一、筹集资金会计核算的内容

企业进行生产经营所需要的资金主要来源于两个渠道：一是投资者投入的资金；二是从债权人借入的资金。

1. 投资者将资金投入企业，就对企业资产产生要求权，从而形成企业所有者权益。企业投资者包括国家、法人单位、个人和外商。投资可以采取货币资金、实物资产及无形资产等形式。

2. 债权人将资金借给企业，就对企业资产产生要求权，从而形成企业负债。企业借入的资金主要是从银行或其他金融机构取得的各种短期借款和长期借款。

二、投入资本的核算

（一）账户设置

为了记录筹集资金过程发生的交易或事项，应设置以下账户：

1. "实收资本"账户。

账户性质：所有者权益类账户。

账户用途：用于核算企业接受投资者投入企业资本的增减变动情况。

明细核算：按投资人设置明细账户。

账户结构：

借方	实收资本	贷方
减少的资本数额		增加的投资额
		实有的资本数额

2. "资本公积"账户。

账户性质：所有者权益类账户。

账户用途：用于核算企业收到投资者出资超出其在注册资本中所占份额的部分，如资本溢价。

账户结构：

借方	资本公积	贷方
减少数额		增加数额
		结余数额

明细核算：为了反映各类不同性质的资本公积的增减变动情况，该账户应当分别设置"资本溢价"明细账户，进行明细核算。

（二）账务处理

【例 4-1】 12月1日，星光公司收到大华厂投资 500 000 元，存入银行。

分析： 星光公司收到大华厂投入资本，实收资本增加，应按实际投资数额记入"实收资本"账户的贷方；由于款项已存银行，使银行存款增加，应记在"银行存款"账户的借方。

借：银行存款　　　　　　　　　　　　　　　　　　　500 000
　　贷：实收资本　　　　　　　　　　　　　　　　　500 000

【例 4-2】 12月3日，星光公司收到联营单位正大公司投入的全新设备一台，价值 300 000 元；投入专利权一项价值 600 000 元。双方协商占星光公司注册资本 800 000 元。

分析： 正大公司投入设备属于固定资产，专利权属于无形资产，这两项资产增加，应记入"固定资产""无形资产"账户的借方；同时按双方协议约定注册资本的部分增加实收资本，应记入"实收资本"账户的贷方；其差额作为资本溢价，应记入"资本公积"账户的贷方。

借：固定资产　　　　　　　　　　　　　　　　　　　300 000
　　无形资产　　　　　　　　　　　　　　　　　　　600 000
　　贷：实收资本　　　　　　　　　　　　　　　　　800 000
　　　　资本公积　　　　　　　　　　　　　　　　　100 000

知识链接

"固定资产"账户属于资产类账户，用于核算企业持有固定资产原价的增减变动情况。

"无形资产"账户属于资产类账户，用于核算企业的专利权、商标权、著作权、非专利技术等无形资产的增减变动情况。

借方	固定资产	贷方	借方	无形资产	贷方
增加的固定资产原价		减少的固定资产原价	无形资产的增加额		无形资产的减少额
固定资产的账面原价			无形资产的成本		

【例 4-3】 12月8日，星光公司经批准，以资本公积转增注册资本30 000元。

分析： 公司以资本公积转增注册资本，使公司资本公积减少，实收资本增加，应以实际金额记入"资本公积"账户的借方和"实收资本"账户的贷方。

借：资本公积　　　　　　　　　　　　　　　　　　　　　　　30 000
　　贷：实收资本　　　　　　　　　　　　　　　　　　　　　　　30 000

三、借入资金的核算

（一）账户设置

1．"短期借款"账户。

账户性质：负债类账户。

账户用途：用于核算企业向银行或其他金融机构借入的期限在一年以内（含一年）的各种借款的取得及偿还情况。

明细核算：按债权人设置明细账户，并按借款种类进行明细核算。

账户结构：

借方	短期借款	贷方
偿还借款的本金数额		取得借款的本金数额
		尚未偿还借款的本金数额

2．"长期借款"账户。

账户性质：负债类账户。

账户用途：用于核算企业向银行或其他金融机构借入的期限在一年以上的各种借款的取得及偿还情况。

账户结构：

借方	长期借款	贷方
偿还借款的本金及利息		取得借款本金及利息
		尚未偿还的长期借款

明细核算：按债权人设置明细账户，并按借款种类进行明细核算。

（二）账务处理

【例 4-4】 12月8日，星光公司从银行借入期限为6个月的借款200 000元，款项存入银行。

分析： 由于期限为6个月的借款属于短期借款，且借款已存入银行，故使银行存款和短期借款同时增加。应记入"银行存款"账户的借方和"短期借款"账户的贷方。

借：银行存款　　　　　　　　　　　　　　　　　　　　　　　200 000
　　贷：短期借款　　　　　　　　　　　　　　　　　　　　　　　200 000

【例 4-5】 12月10日，星光公司向银行借入期限为5年的借款80万元，用于购置生产设备，款项已存入银行。

分析： 由于期限为5年的借款属于长期借款，故使银行存款和长期借款同时增加，应记入"银行存款"账户的借方和"长期借款"账户的贷方。

借：银行存款　　　　　　　　　　　　　　　　　　　　　　　800 000
　　贷：长期借款　　　　　　　　　　　　　　　　　　　　　　　800 000

以上例4-1至例4-5星光公司的筹集资金业务会计记录，账户对应关系如图4-1所示。

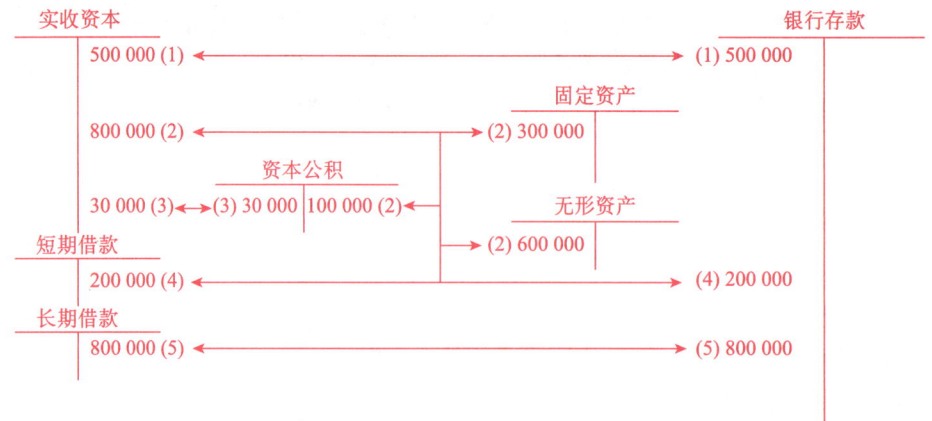

图 4-1

> **小测试**
>
> 假设星光公司刚开始设立，经过上述筹资，权益总额为多少？其中有多少属于所有者权益？
>
>
>
> [拓展阅读]
> 扫码看答案

第二节 材料采购过程的核算

一、材料采购过程核算的内容

材料采购是企业在供应过程中发生的主要交易或事项，企业以货币资金购买各种原材料作为生产储备，以保证生产需要。从购买材料到验收入库，这一过程需要确认记录的主要内容有：确认计算材料采购的成本，与供货单位办理价款结算，材料验收入库等。

提示：材料采购成本应包括购买价和采购费用（相关税费、运输费、装卸费、保险费以及其他可归属于存货采购成本的费用）。第五单元将介绍材料采购成本的计算。

二、材料采购的会计核算

（一）账户设置

1. "在途物资"账户。

账户性质：资产类账户。

账户用途：用于核算企业采用实际成本进行材料日常核算，货款已付尚未到达或尚未验收入库材料的采购成本。

明细核算：按物资品种设置明细账户，进行明细核算。

账户结构：

借方	在途物资	贷方
购入材料的采购成本		验收入库材料的采购成本
在途材料的采购成本		

2. "原材料"账户。

账户性质：资产类账户。

账户用途：用于核算库存各种材料的收、发、存情况。

明细核算：按材料类别、品种及规格设置明细账户，进行明细核算。

账户结构：

借方	原材料	贷方
入库材料的实际成本		发出材料的实际成本
库存材料的实际成本		

3. "应交税费"账户。

账户性质：负债类账户。

账户用途：用于核算企业按照税法规定计算应缴纳的各种税费，包括增值税、所得税、城市维护建设税、教育费附加等。

明细核算：按照应交税费的种类设置明细账户，进行明细核算。

为了核算企业应交增值税的发生、缴纳、退税及转出等情况，应在"应交税费"账户下设置"应交增值税"明细账户。"应交税费——应交增值税"账户分别设置"进项税额""已交税金""销项税额""进项税额转出""出口退税"等专栏进行明细核算。

账户结构：

借方	应交税费	贷方
实际缴纳的税费		应缴纳的各种税费
		尚未缴纳的税费

账户结构：

借方	应交税费——应交增值税	贷方
采购材料时支付的进项税额及已交税务部门的税金		销售商品时收取的销项税额
尚未抵扣的进项税额		尚未缴纳的税额

（二）账务处理

【例4-6】 12月5日，星光公司从正兴公司购进甲材料一批，取得的增值税专用发票上记载的货款为10 000元，增值税1 300元，另付运杂费200元（暂不考虑运费的增值税抵扣，下同），全部款项已用银行存款支付，材料运到并验收入库。

分析： 购入材料并入库，原材料增加，记借方；支付增值税进项税额，应交税费减少，记借方；以银行存款支付，银行存款减少，记贷方。

借：原材料——甲材料　　　　　　　　　　　　　　10 200
　　应交税费——应交增值税（进项税额）　　　　　1 300
　　贷：银行存款　　　　　　　　　　　　　　　　　　11 500

注意： 小规模纳税人以及购入材料不能取得增值税专用发票的，发生的增值税计入材料采购成本。

【例 4-7】 12月6日，星光公司从旺林公司购进乙材料一批，增值税专用发票上记载的货款为 50 000 元，增值税 6 500 元，价款尚未支付，材料运到并验收入库。

分析： 购入材料并入库，原材料增加，记借方；支付增值税进项税额，应交税费减少，记借方；款项尚未支付，应付账款增加，记贷方。

借：原材料——乙材料　　　　　　　　　　　　　　　50 000
　　应交税费——应交增值税（进项税额）　　　　　　 6 500
　　贷：应付账款——旺林公司　　　　　　　　　　　　　56 500

> **知识链接**
>
> "应付账款"属于负债类账户，用于核算企业因购买材料、商品或接受劳务供应等经营活动应支付给供应单位的款项。该账户一般应按供应单位设置明细账户，进行明细核算。
>
> | 借方 | 应付账款 | 贷方 |
> | --- | --- | --- |
> | 偿还供应单位的款项 | | 应付供应单位的款项 |
> | | | 尚未偿还的应付款项 |

> **想一想**
>
> 星光公司偿还旺林公司乙材料货款时应如何做会计处理？

【例 4-8】 12月6日，星光公司从正兴公司购进甲材料一批，增值税专用发票上记载的货款为 20 000 元，增值税 2 600 元。对方代垫运杂费 300 元，款项以银行存款支付，材料尚未运到。

分析： 购入材料未入库，在途物资增加，记借方；支付增值税进项税额，应交税费减少，记借方；以银行存款支付，银行存款减少，记贷方。

借：在途物资　　　　　　　　　　　　　　　　　　　20 300
　　应交税费——应交增值税（进项税额）　　　　　　 2 600
　　贷：银行存款　　　　　　　　　　　　　　　　　　　22 900

【例 4-9】 12月8日，从正兴公司购进的甲材料运到，并验收入库。

分析： 甲材料验收入库，使原材料增加，记借方；在途物资减少，记贷方。

借：原材料——甲材料　　　　　　　　　　　　　　　20 300
　　贷：在途物资　　　　　　　　　　　　　　　　　　　20 300

【例 4-10】 12月8日，星光公司按合同约定，为购买乙材料以银行存款 37 000 元预付理达公司货款。

分析： 因购买材料预付货款，预付账款增加，记借方；预付货款使银行存款减少，记贷方。

借：预付账款——理达公司　　　　　　　　　　　　　37 000
　　贷：银行存款　　　　　　　　　　　　　　　　　　　37 000

知识链接

"预付账款"属于资产类账户,用于核算企业按照购货合同规定预付给供应单位的款项。该账户应按供应单位或个人设置明细账户,进行明细核算。

借方	预付账款	贷方
预付给应单位的货款和补付的款项		收到所购货物和退回多付的款项
实际预付的款项		尚未补付的款项

【例4-11】 12月10日,星光公司8日预付理达公司货款购买的乙材料运到,增值税专用发票上记载的货款为30 000元,增值税3 900元,供方代垫运杂费500元。

分析:购入材料并入库,原材料增加,记借方;支付增值税进项税额,应交税费减少,记借方;冲减前已预付的货款,预付账款减少,记贷方。

  借:原材料——乙材料   30 500
    应交税费——应交增值税(进项税额)   3 900
   贷:预付账款——理达公司   34 400

想一想

这项业务发生后,预付账款明细账余额还有多少?如何结清该项往来?

【例4-12】 12月10日,星光公司以银行存款偿还欠旺林公司货款56 500元。

分析:因购买乙材料欠旺林公司货款,用银行存款偿还,应记入"银行存款"账户的贷方,"应付账款"账户的借方。

  借:应付账款——旺林公司   56 500
   贷:银行存款   56 500

上述例4-6至例4-12材料采购过程的会计记录,账户对应关系如图4-2所示。

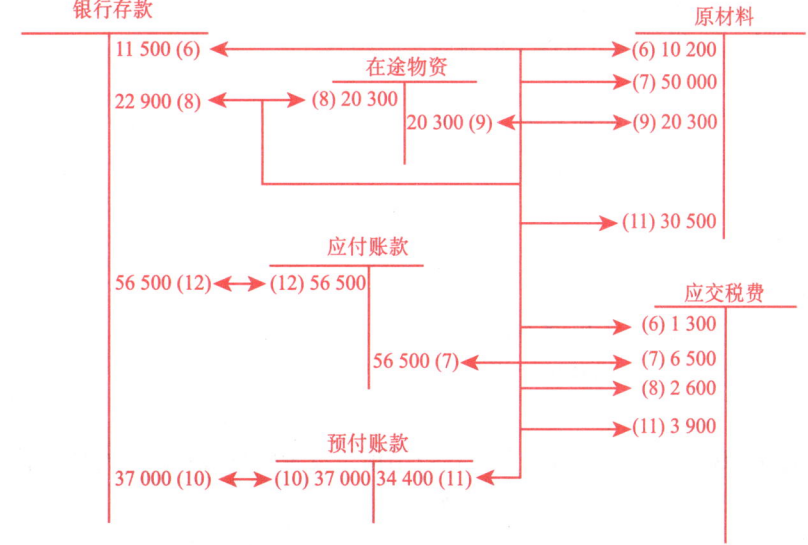

图4-2

> **想一想**
>
> 图4-2表明的各组账户对应关系描述了哪些交易或事项？

第三节 产品生产过程的核算

一、产品生产过程核算的内容

企业产品生产过程是连接供应和销售过程的中心环节，产品生产过程也是生产耗费过程。在生产过程中，人们利用机器设备等劳动工具对各种材料进行加工，生产出符合社会需要的产品。企业进行产品生产而消耗的材料和人工、机器设备等固定资产的磨损以及其他各项生产耗费，构成了企业的生产费用。将生产费用归集到一定种类和数量的产品上时，便形成产品的制造成本。对于不能计入产品制造成本的管理费用、财务费用、销售费用作为期间费用，直接计入当期损益。产品生产过程核算的主要内容是对生产耗费进行归集和分配以及产品制造成本的计算与结转。

二、产品生产过程的核算

（一）账户设置

1．"生产成本"账户。

账户性质：成本类账户。

账户用途：用来核算企业生产各种产品、自制材料、自制工具、自制设备等发生的各项生产成本。

明细核算：按产品的品种或类别设置明细账户，并按规定的成本项目设置专栏，进行明细核算。

2．"制造费用"账户。

账户性质：成本类账户。

账户用途：用于核算企业生产车间（部门）为生产产品和提供劳务而发生的各项间接费用；

账户结构：

借方	生产成本	贷方
直接材料、直接人工、其他直接支出		完工入库产品的成本
期末分配转入的制造费用		
尚未完工的在产品成本		

账户结构：

借方	制造费用	贷方
归集车间或部门发生的各项间接费用		分配转入"生产成本"账户的间接费用

明细核算：按不同的生产车间、部门和费用项目设置明细账户，进行明细核算。

账户速记：直接归属于某种产品的各项费用记入"生产成本"，间接归属于某种产品的各项费用记入"制造费用"。"制造费用"最后也会按照一定的标准分配转入"生产成本"账户。

3. "管理费用"账户。

账户性质：损益类账户。

账户用途：用于核算企业行政管理部门为组织和管理生产经营活动而发生的各项费用，包括企业在筹建期间发生的开办费，行政管理部门的职工工资及福利费、折旧费、修理费、办公费、水电费、差旅费、工会经费、咨询费等。

明细核算：按管理费用的费用项目设置明细账户或按费用项目设置专栏，进行明细核算。

账户结构：

借方	管理费用	贷方
企业发生的各项管理费用		期末转入"本年利润"的管理费用

4. "财务费用"账户。

账户性质：损益类账户。

账户用途：用于核算企业为筹集生产经营所需资金而发生的筹资费用，包括利息支出（减利息收入）、汇兑损益及银行相关手续费等。

明细核算：按财务费用的费用项目设置明细账户，进行明细核算。

账户结构：

借方	财务费用	贷方
企业发生的各项财务费用		期末转入"本年利润"的财务费用

5. "库存商品"账户。

账户性质：资产类账户。

账户用途：用于核算企业库存的各种商品的实际成本（或进价）。

明细核算：按商品的类别、品种及规格设置明细账户，进行明细核算。

账户结构：

借方	库存商品	贷方
验收入库商品的实际成本		发出商品的实际成本
库存商品的实际成本		

（二）账务处理

【例4-13】 12月10日，星光公司仓库发出下列材料（根据领料单汇总），见表4-18。

表4-18   金额单位：元

材料名称	单位	数量	单价	金额	用途
甲材料	千克	2 500	5.10	12 750	生产A产品
乙材料	千克	5 000	1.18	5 900	生产B产品
丙材料	个	25	6.00	150	车间一般耗用
丁材料	个	50	20.00	1 000	管理部门耗用
合 计				19 800	

分析：为生产产品耗用直接材料，生产成本增加，记借方；车间一般耗用材料，制造费用增加，记借方；行政管理部门耗用材料，管理费用增加，记借方；仓库发出库存材料，原材料减少，记贷方。

借：生产成本——A产品　　　　　　　　　　　　　　　12 750
　　　　　　——B产品　　　　　　　　　　　　　　　 5 900
　　制造费用　　　　　　　　　　　　　　　　　　　　 150

管理费用		1 000
贷：原材料——甲材料		12 750
——乙材料		5 900
——丙材料		150
——丁材料		1 000

【例 4-14】 12 月 13 日，公司行政管理部门购买办公用品 1 500 元，用银行存款支付。

分析：购买办公用品，管理费用增加，记借方；同时银行存款减少，记贷方。

　　借：管理费用　　　　　　　　　　　　　　　　　　　　　　1 500
　　　贷：银行存款　　　　　　　　　　　　　　　　　　　　　1 500

【例 4-15】 12 月 14 日，星光公司以银行存款支付本月水电费 2 800 元，其中属于生产车间使用的水电费 1 850 元；属于公司行政管理部门使用的水电费 950 元。

分析：生产车间使用水电费，制造费用增加，记借方；管理部门使用水电费，管理费用增加，记借方；以银行存款支付，银行存款减少，记贷方。

　　借：制造费用　　　　　　　　　　　　　　　　　　　　　　1 850
　　　　管理费用　　　　　　　　　　　　　　　　　　　　　　950
　　　贷：银行存款　　　　　　　　　　　　　　　　　　　　　2 800

【例 4-16】 12 月 14 日，星光公司从正林公司租入包装物一批。以现金支付押金 1 000 元。

分析：支付的押金属于暂付款项，其他应收款增加，记借方；库存现金减少，记贷方。

　　借：其他应收款——正林公司　　　　　　　　　　　　　　　1 000
　　　贷：库存现金　　　　　　　　　　　　　　　　　　　　　1 000

> **知识链接**
>
> "其他应收款"属于资产类账户，用于核算企业除应收账款、应收票据、预付账款等经营活动以外的其他各种应收、暂付的款项。该账户应当按照其他应收款的项目和对方单位（或个人）设置明细账户，进行明细核算。
>
> | 借方 | 其他应收款 | 贷方 |
> |---|---|---|
> | 发生的其他各种应收、暂付款项 | | 收回或转销的各种款项 |
> | 尚未收回的其他应收款 | | |

【例 4-17】 12 月 25 日，14 日从正林公司租入的包装物按期如数退回，出租方从押金中扣除租金 100 元，退还现金 900 元。

分析：包装物租金应属于公司的期间费用，管理费用增加，记借方；交回剩余现金，库存现金增加，记借方；结清暂付款项，其他应收款减少，记贷方。

　　借：管理费用　　　　　　　　　　　　　　　　　　　　　　100
　　　　库存现金　　　　　　　　　　　　　　　　　　　　　　900
　　　贷：其他应收款——正林公司　　　　　　　　　　　　　　1 000

【例 4-18】 12 月 31 日，计提本月应负担的短期借款利息 560 元。

分析：借款利息属于公司的财务费用，由于利息一般是按季度结算的，所以当月的利息虽然在当月计算并负担，但在季末支付。计提短期借款利息，应付利息增加，记贷方，本月承担的利息费用增加，财务费用增加，记借方。

  借：财务费用   560
    贷：应付利息   560

> **知识链接**
>
> "应付利息"属于负债类账户，用于核算企业根据合同约定应支付的利息。该账户应当按照债权人进行明细核算。
>
> | 借方 | 应付利息 | 贷方 |
> | --- | --- | --- |
> | 实际支付的利息 | | 计提应付未付的利息 |
> | | | 应付未付的利息 |

> **想一想**
>
> 如果每个月计提借款利息560元，一个季度共计提1 680元，季度末用银行存款支付利息时如何做会计分录？

【例4-19】 12月31日，公司按规定计提固定资产折旧费35 000元。其中，生产车间使用的固定资产应计提折旧费22 000元，公司行政管理部门使用的固定资产应计提折旧费13 000元。

分析： 提取固定资产折旧，一方面意味着当期费用成本增加，应区分不同的使用范围记入不同的费用成本账户，其中车间固定资产提取的折旧额应记入"制造费用"账户的借方，行政管理部门固定资产提取的折旧额应记入"管理费用"账户的借方；同时，对于固定资产提取的折旧额应记入"累计折旧"账户的贷方，表示固定资产已提折旧的增加。

  借：制造费用   22 000
    管理费用   13 000
    贷：累计折旧   35 000

> **知识链接**
>
> • 固定资产因使用过程中逐渐发生损耗而转移到成本、费用中的那部分价值称为固定资产折旧。按照确定的方法对固定资产应计折旧额进行分摊计入有关成本、费用的，称为折旧费。
>
> • "累计折旧"属于资产类账户，是企业"固定资产"账户的调整账户，用于核算对固定资产计提的累计折旧。
>
> • 调整账户是为了求得被调整账户的实际余额（净值）而设置的账户。
>
> 固定资产净值＝固定资产原始价值－累计折旧
>
> | 借方 | 累计折旧 | 贷方 |
> | --- | --- | --- |
> | 减少的固定资产转出的累计已提折旧额 | | 计提的折旧额 |
> | | | 固定资产折旧累计数 |

【例4-20】 12月31日，公司按职工提供服务的受益对象分配本月份职工工资56 800元。其中，生产工人工资31 500元（用于A产品生产工人工资20 300元，B产品生产工人工资11 200元），车间管理人员工资12 500元，公司行政管理部门人员工资12 800元。

分析：计算产品生产工人工资，生产成本增加，记借方；计算车间管理人员工资，制造费用增加，记借方；计算行政管理人员工资，管理费用增加，记借方；计算应付职工工资，应付职工薪酬增加，记贷方。

借：生产成本——A 产品　　　　　　　　　　　　20 300
　　　　　　——B 产品　　　　　　　　　　　　11 200
　　制造费用　　　　　　　　　　　　　　　　　12 500
　　管理费用　　　　　　　　　　　　　　　　　12 800
　　贷：应付职工薪酬——工资　　　　　　　　　56 800

知识链接

"应付职工薪酬"属于负债类账户，用于核算企业根据有关规定应付给职工的各种薪酬。该账户应当按照工资、职工福利、社会保险费、住房公积金、工会经费、职工教育经费等应付职工薪酬项目设置明细账户，进行明细核算。

借方	应付职工薪酬	贷方
实际支付工资、福利费等数额		发生的职工薪酬分配计入有关成本费用项目的数额
		企业应付职工薪酬的结余

想一想

如果下月初公司以现金发放上述职工工资 56 800 元，应如何进行账务处理？

[拓展阅读]
扫码看答案

【例 4-21】 12 月 31 日，用银行存款支付行政管理部门使用房屋租金 2 910 元。

分析：行政管理部门负担的费用，管理费用增加，记借方；用银行存款支付，银行存款减少，记贷方。

借：管理费用　　　　　　　　　　　　　　　　2 910
　　贷：银行存款　　　　　　　　　　　　　　2 910

【例 4-22】 12 月 31 日，结转本月制造费用 36 500 元。其中，A 产品 23 548 元，B 产品 12 952 元。

分析：结转制造费用，制造费用减少，记贷方；分配计入产品成本，生产成本增加，记借方。

借：生产成本——A 产品　　　　　　　　　　　　23 548
　　　　　　——B 产品　　　　　　　　　　　　12 952
　　贷：制造费用　　　　　　　　　　　　　　　36 500

【例 4-23】 12 月 31 日，结转本月完工入库 A、B 产品制造成本。A 产品 378 件，全部完工，完工产品总成本为 56 598 元；B 产品生产 230 件，本月完工 185 件，完工产品总成本为 27 434 元。

分析：产品完工并验收入库，库存商品增加，记借方；结转产品制造成本，生产成本减少，记贷方。

借：库存商品——A 产品　　　　　　　　　　　　　　56 598
　　　　　　　——B 产品　　　　　　　　　　　　　　27 434
　　贷：生产成本——A 产品　　　　　　　　　　　　　56 598
　　　　　　　——B 产品　　　　　　　　　　　　　　27 434

上述例 4-13 至例 4-23 产品生产过程的会计记录，账户对应关系如图 4-3 所示。

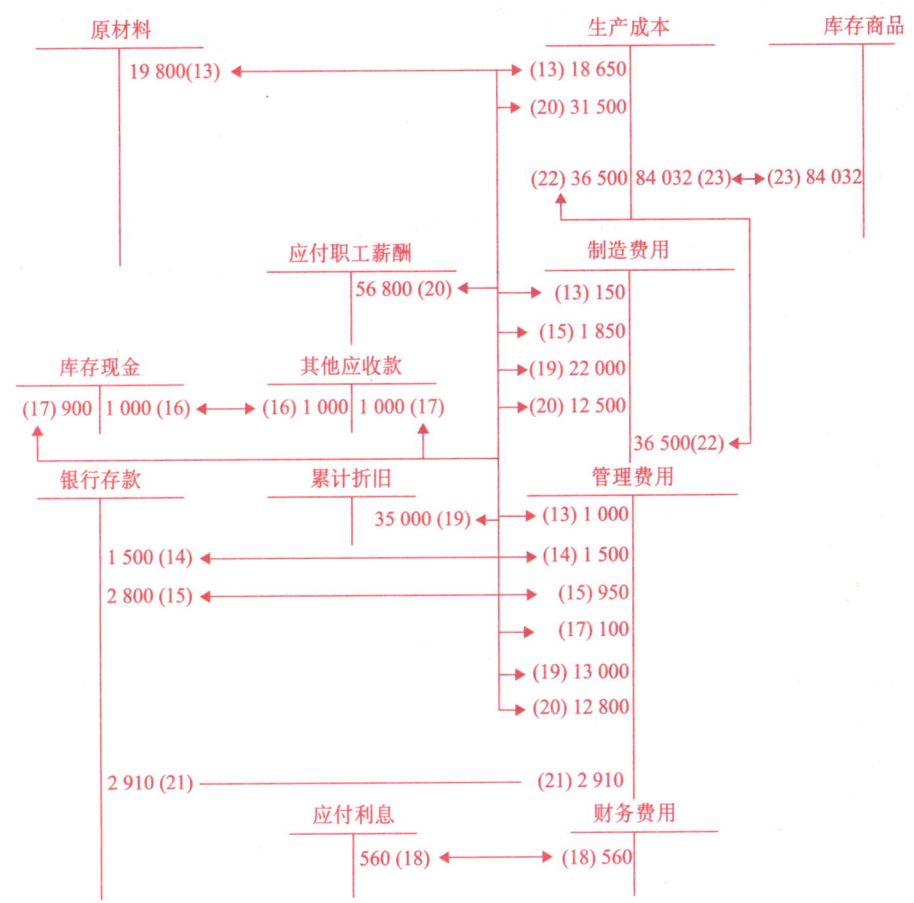

图 4-3

第四节　销售和利润形成过程的核算

一、销售过程核算的内容

销售过程是企业生产经营活动的最后一个阶段,企业生产的产品价值能否实现取决于产品在市场上能否顺利地销售出去,取得销售收入补偿生产耗费。因此,销售过程会计核算的主要内容包括确认营业收入、结转营业成本、计算应交税金及附加、支付各项销售费用,以及与购买方结算价款等。

收入的确认和计量大致分为五步:第一步,识别与客户订立的合同;第二步,识别合同中的单项履约义务;第三步,确定交易价格;第四步,将交易价格分摊至各单项履约义务;第五步,履行各单项履约义务时确认收入。按照收入与费用配比原则,确认收入的同时应确认并结转与其相关的成本费用,以便正确计算业务成果,考核企业是否实现经营目标。

二、销售过程的会计核算

(一) 账户设置

1. "主营业务收入"账户。

账户性质:损益类账户。

账户用途:用于核算企业销售商品、提供劳务等主营业务活动所取得的收入。

账户结构:

借方	主营业务收入	贷方
期末转入"本年利润"账户的收入		销售商品等实现的收入

2. "主营业务成本"账户。

账户性质:损益类账户。

账户用途:用于核算企业确认销售商品、提供劳务等主营业务收入实现时应结转的成本。

账户结构:

借方	主营业务成本	贷方
本期结转的已销售商品的实际成本		期末转入"本年利润"账户的销售成本

3. "税金及附加"账户。

账户性质:损益类账户。

账户用途:用于核算企业经营活动发生的消费税、城市维护建设税、资源税和教育费附加、房产税、土地使用税、车船使用税、印花税等相关税费。

账户结构:

借方	税金及附加	贷方
应由本期负担的税费		期末转入"本年利润"账户的税费

4. "销售费用"账户。

账户性质:损益类账户。

账户用途:用于核算企业销售商品或提供劳务的过程中发生的各项费用,包括:销售人员的职工薪酬、商品维修费、业务宣传费、保险费、包装费、展览费、广告费、运输费等。

账户结构:

借方	销售费用	贷方
发生的各项销售费用		期末转入"本年利润"账户的销售费用

5. "其他业务收入"账户。

账户性质：损益类账户。

账户用途：用于核算企业确认的主营业务以外的其他日常生产经营活动实现的收入，如销售材料、出租固定资产、出租无形资产等实现的收入。

明细核算：按其他业务收入种类设置明细账，进行明细核算。

账户结构：

借方	其他业务收入	贷方
期末转入"本年利润"账户的其他业务收入		本期确认的其他业务收入

6. "其他业务成本"账户。

账户性质：损益类账户。

账户用途：用于核算企业确认的除主营业务活动以外的其他日常生产经营活动所发生的支出，包括销售材料的成本、出租固定资产的折旧额、出租无形资产的摊销额等。

账户结构：

借方	其他业务成本	贷方
发生的其他业务成本		期末转入"本年利润"账户的其他业务成本

明细核算：按其他业务成本核算的种类设置明细账户，进行明细核算。

账户速记：
- 销售产品的收入记入"主营业务收入"账户；
- 结转销售产品的成本记入"主营业务成本"账户；
- 销售材料的收入记入"其他业务收入"账户；
- 结转销售产品的成本记入"其他业务成本"账户。

（二）账务处理

【例 4-24】 12 月 15 日，星光公司销售一批成衣，增值税专用发票上注明 A 产品销售 100 件，每件售价 200 元，计 20 000 元；B 产品销售 20 件，每件 390 元，计 7 800 元，增值税 3 614 元，款项收到并存入银行。

分析： 款项收存银行，银行存款增加，记借方；销售产品取得收入，主营业务收入增加，记贷方；销售产品收取增值税，应交税费增加，记贷方。

借：银行存款　　　　　　　　　　　　　　　　　31 414
　　贷：应交税费——应交增值税（销项税额）　　　3 614
　　　　主营业务收入——A 产品　　　　　　　　 20 000
　　　　　　　　　　——B 产品　　　　　　　　　7 800

【例 4-25】 12 月 18 日，星光公司为宣传春季新品发生广告费 5 000 元，以银行存款支付。

分析： 以银行存款支付广告费，使得销售费用增加、银行存款减少，故应记入"销售费用"账户的借方和"银行存款"账户的贷方。

借：销售费用　　　　　　　　　　　　　　　　　5 000
　　贷：银行存款　　　　　　　　　　　　　　　 5 000

【例 4-26】 12 月 18 日，星光公司根据合同规定，预收正大公司购买 A 产品的价款 100 000 元，已存入银行。

分析：款项存银行，银行存款增加，记借方；预收货款，预收账款增加，记贷方。

借：银行存款　　　　　　　　　　　　　　　　　　　　100 000
　　贷：预收账款——正大公司　　　　　　　　　　　　　　100 000

> **知识链接**
>
> "预收账款"属于负债类账户，用于核算企业按照销货合同规定预收购货单位的款项。该账户应按购货单位设置明细账户，进行明细核算。
>
> | 借方 | 预收账款 | 贷方 |
> |---|---|---|
> | 向购货单位发出商品销售实现的货款和退回多付的款项 | | 向购货单位预收的货款和购货单位补付的款项 |
> | 尚未转销的款项 | | 预收购货单位的款项 |

【例 4-27】 接上例，12 月 20 日，星光公司向正大公司发出 A 产品 315 件，每件售价 200 元。增值税专用发票上注明货款 63 000 元，增值税 8 190 元，价款已在 12 月 18 日预收。

分析：企业销售产品取得收入，主营业务收入增加，记贷方；增值税（销项税额）增加，应交税费——应交增值税（销项税额）增加，记贷方；以前已经预收价款，预收账款减少，记借方。

借：预收账款——正大公司　　　　　　　　　　　　　　71 190
　　贷：主营业务收入——A 产品　　　　　　　　　　　　　63 000
　　　　应交税费——应交增值税（销项税额）　　　　　　　8 190

提示：星光公司预收了 10 万元货款，销售商品的价税合计 71 190 元，如按合同规定以后会继续销售商品给正大公司，则在发出商品时所编制的会计分录同例 4-27；如按合同规定不再继续销售商品给正大公司，则多收的 28 810 元应及时退回给正大公司。退回款项的分录为：

借：预收账款——正大公司　　　　　　　　　　　　　　28 810
　　贷：银行存款　　　　　　　　　　　　　　　　　　　28 810

【例 4-28】 12 月 25 日，星光公司销售给伟利公司成衣一批，增值税专用发票上注明销售 A 产品 65 件，每件售价 220 元，计 14 300 元，销售 B 产品 45 件，每件售价 400 元，计 18 000 元，增值税 4 199 元，价款尚未收到。

分析：销售产品取得收入，主营业务收入增加，记贷方；销售产品收取增值税，应交税费增加，记贷方；款项未收到，应收账款增加，记借方。

借：应收账款——伟利公司　　　　　　　　　　　　　　36 499
　　贷：主营业务收入——A 产品　　　　　　　　　　　　　14 300
　　　　　　　　　　——B 产品　　　　　　　　　　　　　18 000
　　　　应交税费——应交增值税（销项税额）　　　　　　　4 199

知识链接

"应收账款"属于资产类账户,用于核算企业因销售商品、提供劳务等经营活动,应向购货单位或接受劳务单位收取的款项。不单独设置"预收账款"的企业,预收的账款也在"应收账款"账户核算。该账户应按债务人设置明细账户,进行明细核算。

借方	应收账款	贷方
发生的应收账款		已收回的应收账款
尚未收回的应收账款		

【例4-29】 12月26日,星光公司销售甲材料一批,增值税专用发票上注明价款5 600元,增值税728元,货款收到,存入银行。

分析:款项收存银行,银行存款增加,记借方;销售材料取得收入,其他业务收入增加,记贷方;销售材料收取增值税,应交税费增加,记贷方。

借:银行存款　　　　　　　　　　　　　　　　　　　　　　　6 328
　贷:其他业务收入　　　　　　　　　　　　　　　　　　　　　5 600
　　　应交税费——应交增值税(销项税额)　　　　　　　　　　　728

【例4-30】 12月28日,收到银行通知,25日销售给伟利公司的产品应收款37 468元已经收回入账。

分析:款项收存银行,银行存款增加,记借方;收回前欠账款,应收账款减少,记贷方。

借:银行存款　　　　　　　　　　　　　　　　　　　　　　　36 499
　贷:应收账款——伟利公司　　　　　　　　　　　　　　　　　36 499

【例4-31】 12月31日,结转本月已销产品成本。A产品销售480件,单位成本150元,总成本72 000元;B产品销售65件,单位成本160元,总成本10 400元。

分析:销售产品,库存商品减少,记贷方;结转已销产品成本,主营业务成本增加,记借方。

借:主营业务成本——A产品　　　　　　　　　　　　　　　　72 000
　　　　　　　　——B产品　　　　　　　　　　　　　　　　10 400
　贷:库存商品——A产品　　　　　　　　　　　　　　　　　　72 000
　　　　　　——B产品　　　　　　　　　　　　　　　　　　10 400

【例4-32】 12月31日,结转本月销售甲材料的成本3 000元。

分析:销售材料,原材料减少,记贷方;结转已销材料成本,其他业务成本增加,记借方。

借:其他业务成本　　　　　　　　　　　　　　　　　　　　　3 000
　贷:原材料——甲材料　　　　　　　　　　　　　　　　　　　3 000

【例4-33】 12月31日,经查本月"应交税费——应交增值税"账户借方栏"进项税额"为14 300元;贷方栏"销项税额"为16 731元,抵扣后本月增值税额为2 431元,按应交增值税额的7%提取城市维护建设税,按3%提取教育费附加。

分析:计算提取城建税和教育费附加,税金及附加增加,记借方;税金已提取但未缴纳，应交税费增加，记贷方。

　　借：税金及附加　　　　　　　　　　　　　　　　243.10
　　　　贷：应交税费——应交城市维护建设税　　　　　　170.17
　　　　　　　　　　——教育费附加　　　　　　　　　　　72.93

提示：下月初企业用银行存款向税务部门缴纳城市维护建设税和教育费附加时应编制如下会计分录：

　　借：应交税费——应交城市维护建设税　　　　　　170.17
　　　　　　　　——教育费附加　　　　　　　　　　　72.93
　　　　贷：银行存款　　　　　　　　　　　　　　　　243.10

> **知识链接**
>
> **城市维护建设税和教育费附加计算方法**
>
> 　　城市维护建设税和教育费附加以实际缴纳的增值税、消费税之和为计税依据。例4-33中，增值税额为2 431元，按应交增值税额的7%计算提取城市维护建设税，按3%计算提取教育费附加，应缴纳的城市维护建设税和教育费附加分别为170.17元（2 431×7%）和72.93元（2 431×3%）。

　　上述例4-24至例4-33销售过程交易或事项的会计记录，账户对应关系如图4-4所示。

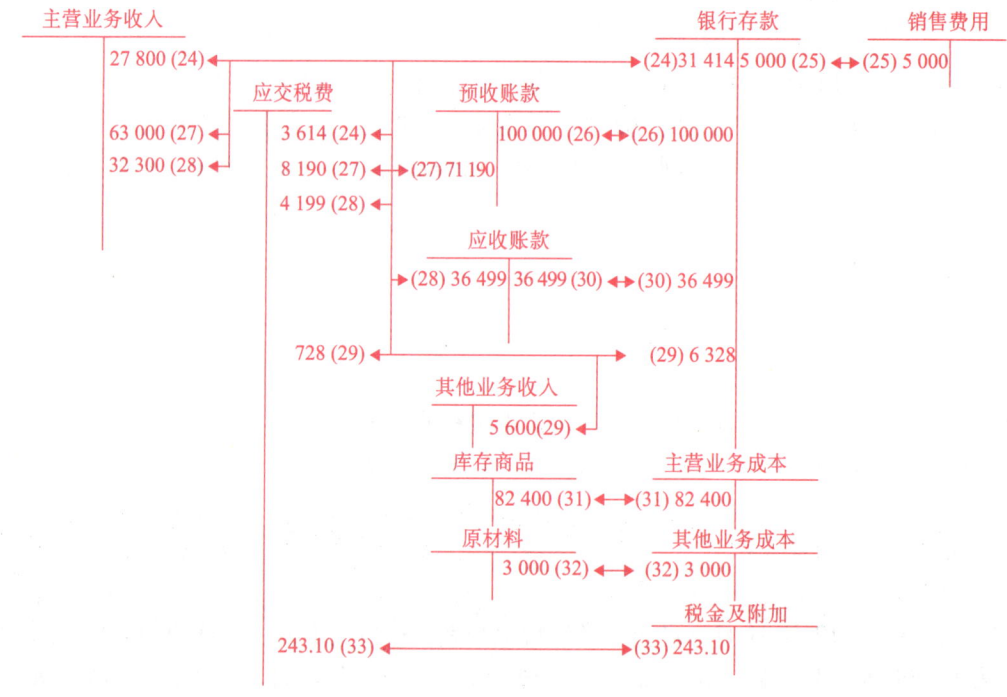

图4-4

> **想一想**
>
> 图4-4所反映出的销售过程账户对应关系描述了哪些交易与事项？

三、利润形成过程的会计核算

（一）利润构成与计算

利润，是指企业在一定会计期间的经营成果，包括营业利润、利润总额和净利润。

收入减去费用后的金额为营业利润，是企业日常生产经营活动所获得的利润，是企业利润总额的主要来源。其计算公式为：

营业利润 = 营业收入 - 营业成本 - 税金及附加 - 销售费用 - 管理费用
　　　　 - 财务费用 + 投资收益

其中，"营业收入"是指企业销售商品和提供劳务所实现的收入总额，包括主营业务收入和其他业务收入；"营业成本"是指企业销售商品和提供劳务发生的实际成本总额，包括主营业务成本和其他业务成本。

利润总额 = 营业利润 + 营业外收入 - 营业外支出

"营业外收入"是指企业非日常生产经营活动形成的、应当计入当期损益，会导致所有者权益增加、与所有者投入资本无关的经济利益的流入。"营业外支出"是指企业非日常生产经营活动发生的、应当计入当期损益，会导致所有者权益减少、与向所有者分配利润无关的经济利益的净流出。

企业在一定期间获得的利润总额应按国家税法规定缴纳所得税，所得税作为企业所得的一种耗费，遵循收入与费用配比原则，应计入当期损益。

净利润 = 利润总额 - 所得税费用

（二）账户设置

1. "本年利润"账户。

账户性质：所有者权益类账户。

账户用途：用于核算企业本年度实现的净利润（或发生的净亏损）。

账户结构：

借方	本年利润	贷方
各成本费用或支出类账户期末转入数		各收益类账户期末转入数
当年发生的净亏损		当年实现的净利润
将本年实现的净利润转入"利润分配"账户		将本年发生的净亏损转入"利润分配"账户

2. "所得税费用"账户。

账户性质：损益类账户。

账户用途：用于核算企业按规定从当期利润总额中扣除的所得税费用。

账户结构：

借方	所得税费用	贷方
本期应交所得税额		期末转入"本年利润"账户的数额

3. "投资收益"账户。

账户性质：损益类账户。

账户用途：用于核算企业对外投资取得的收益或发生的损失。

账户结构：

借方	投资收益	贷方
发生的投资损失		实现的投资收益
期末转入"本年利润"账户的投资净收益		期末转入"本年利润"账户的投资净损失

4. "营业外收入"账户。

账户性质：损益类账户。

账户用途：用于核算企业实现的各项营业外收入，包括：处置固定资产净收益、出售无形资产净收益、盘盈收益、捐赠收益、收取罚款、政府补助等收入和确实无法支付而按规定程序经批准后转作营业外收入的应付款项；

明细核算：按收入项目设置明细账户，进行明细核算。

账户结构：

借方	营业外收入	贷方
期末转入"本年利润"账户的营业外收入		发生的营业外收入

5. "营业外支出"账户。

账户性质：损益类账户。

账户用途：用于核算企业发生的各项营业外支出，包括处置固定资产净损失、出售无形资产净损失、非常损失、盘亏损失、违约罚款、捐赠支出等；

账户结构：

借方	营业外支出	贷方
发生的营业外支出		期末转入"本年利润"账户的营业外支出

明细核算：按费用项目设置明细账，进行明细核算。

（三）账务处理

【例4-34】 12月31日，星光公司因对外投资，被所投资单位宣告分派现金股利，其中星光公司应分得的现金股利35 000元，存入银行。

分析：企业对外投资取得收益，投资收益增加，记贷方；款项收存银行，银行存款增加，记借方。

借：银行存款　　　　　　　　　　　　　　　　　　　　35 000
　　贷：投资收益　　　　　　　　　　　　　　　　　　　　35 000

【例4-35】 12月31日，以银行存款4 000元捐赠某社会公益性福利部门。

分析：进行公益性捐赠，营业外支出增加，记借方；以银行存款支付，银行存款减少，记贷方。

借：营业外支出　　　　　　　　　　　　　　　　　　　4 000
　　贷：银行存款　　　　　　　　　　　　　　　　　　　　4 000

【例4-36】 12月31日，公司取得罚款收入2 600元，存入银行。

分析：取得罚款收入是非日常活动所发生的，营业外收入增加，记贷方；款项收存银行，银行存款增加，记借方。

借：银行存款　　　　　　　　　　　　　　　　　　　　2 600
　　贷：营业外收入　　　　　　　　　　　　　　　　　　　2 600

【例 4-37】 12月31日，按规定税率25%计算并结转应交所得税（假设无纳税调整项目）。

分析： 计算所得税时，应以企业实现的利润总额为基础，计算公式如下：

净利润 = 利润总额 – 所得税费用

公司12月份利润总额计算如下：

营业利润 = 主营业务收入 + 其他业务收入 + 投资收益 – 主营业务成本 – 其他业务成本
 – 税金及附加 – 销售费用 – 管理费用 – 财务费用
 = 123 100 + 5 600 + 35 000 – 82 400 – 3 000 – 243.1 – 5 000 – 32 260 – 560
 = 40 236.9（元）

利润总额 = 营业利润 + 营业外收入 – 营业外支出 = 40 236.9 + 2 600 – 4 000
 = 38 836.9（元）

应交所得税 = 利润总额 × 税率 = 38 836.9 × 25% = 9 709.23（元）

计算结转应交所得税，须通过"所得税费用"账户和"应交税费"账户核算。所得税费用增加，记借方；应交税费增加，记贷方。

借：所得税费用　　　　　　　　　　　　　　　　　　9 709.23
　　贷：应交税费——应交所得税　　　　　　　　　　　9 709.23

【例 4-38】 12月31日，将本月主营业务收入123 100元（A产品97 300元，B产品25 800元）、其他业务收入5 600元、投资收益35 000元、营业外收入2 600元，转入"本年利润"账户。

分析： 按规定，企业期末应将有关营业收入账户、投资收益账户和营业外收入账户的余额，转入"本年利润"账户，以便企业计算财务成果。

借：主营业务收入——A产品　　　　　　　　　　　　97 300
　　　　　　　　——B产品　　　　　　　　　　　　25 800
　　其他业务收入　　　　　　　　　　　　　　　　　5 600
　　投资收益　　　　　　　　　　　　　　　　　　 35 000
　　营业外收入　　　　　　　　　　　　　　　　　　2 600
　　贷：本年利润　　　　　　　　　　　　　　　　166 300

【例 4-39】 12月31日，将本月主营业务成本82 400元（A产品72 000元、B产品10 400元）、税金及附加243.10元、其他业务成本3 000元、管理费用32 260元、财务费用560元、销售费用5 000元、营业外支出4 000元、所得税费用9 709.23元，转入"本年利润"账户。

分析： 期末企业应将归集的期间费用和已销产品、材料的成本、税金及营业外支出、所得税费用转入"本年利润"账户。

借：本年利润　　　　　　　　　　　　　　　　　137 172.33
　　贷：主营业务成本　　　　　　　　　　　　　　82 400.00
　　　　税金及附加　　　　　　　　　　　　　　　　243.10
　　　　其他业务成本　　　　　　　　　　　　　　3 000.00
　　　　管理费用　　　　　　　　　　　　　　　 32 260.00
　　　　财务费用　　　　　　　　　　　　　　　　　560.00

销售费用	5 000.00
营业外支出	4 000.00
所得税费用	9 709.23

期末将损益类账户的余额转入"本年利润"账户后，即可计算出本年实现的净利润（或亏损）。

> **想一想**
>
> 企业的经营目标——利润，会计是如何计算出来的？星光公司 12 月 31 日的所有者权益总额为多少？其中有多少是本期净利润带来的？

星光公司 12 月份实现净利润 29 127.67 元（166 300 - 137 172.33）。假设星光公司 12 月初"本年利润"账户贷方余额为 397 921.43 元，则本年实现的净利润为 427 094.10 元。

上述例 4-34 至例 4-39 利润形成过程的会计记录，账户对应关系如图 4-5 所示。

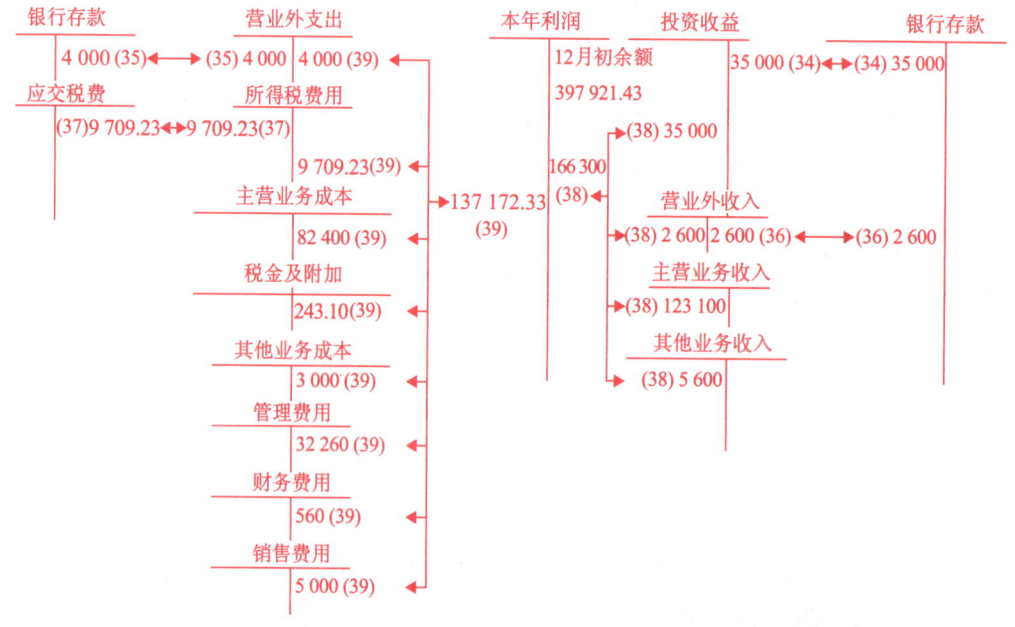

图 4-5

四、利润分配过程的核算

根据《公司法》的有关规定，企业对实现的净利润分配（或亏损弥补）应按下列顺序进行：(1) 弥补以前年度亏损；(2) 提取法定盈余公积、任意盈余公积；(3) 向投资者分配利润。经过分配仍有余额，属于未分配利润，是企业留存收益的重要内容。

(一) 账户设置

1. "利润分配"账户。

账户性质：所有者权益类账户。

账户用途：用于核算企业利润的分配（或亏损弥补）和历年分配（或弥补）后的积存余额。

2. "应付利润"账户。

账户性质：负债类账户。

账户用途：用于核算企业分配给投资者的利润。

3. "盈余公积"账户。

账户性质：所有者权益类账户。

账户用途：用于核算企业从净利润中提取的盈余公积。

明细核算：分别设置"法定盈余公积"和"任意盈余公积"明细账户，进行明细核算。

账户结构：

借方	利润分配	贷方
从"本年利润"账户转入的净亏损数额		从"本年利润"账户转入的净利润数额
提取盈余公积、应付股利等利润分配的数额		弥补亏损数额
历年积存未弥补亏损		历年积存未分配利润

账户结构：

借方	应付利润	贷方
实际支付的利润		应支付的利润
		尚未支付的利润

账户结构：

借方	盈余公积	贷方
用于弥补亏损或转增资本		按照规定提取盈余公积的数额
		盈余公积余额

(二) 账务处理

【例4-40】 12月31日，星光公司结转全年实现的净利润427 094.10元。

分析：年终应结转企业全年实现的净利润，本年利润减少，记借方；利润分配增加，记贷方。

借：本年利润　　　　　　　　　　　　　　427 094.10
　　贷：利润分配　　　　　　　　　　　　　　　427 094.10

【例4-41】 12月31日，按规定从本年税后利润（净利润）中提取10%的法定盈余公积金。

分析：企业从税后利润中提取盈余公积金，是对已实现利润进行的分配，利润分配减少，记借方；提取盈余公积42 709.41元（427 094.10×10%），盈余公积增加，记贷方。

借：利润分配　　　　　　　　　　　　　　42 709.41
　　贷：盈余公积　　　　　　　　　　　　　　　42 709.41

【例4-42】 12月31日，按规定计算出应支付给投资者的利润58 000元。

分析：企业因接受投资而应支付给投资者的利润，须通过"应付利润"账户和"利润分配"账户核算，应付利润增加，记贷方；利润分配减少，记借方。

借：利润分配　　　　　　　　　　　　　　58 000
　　贷：应付利润　　　　　　　　　　　　　　　58 000

上述例4-40至例4-42利润分配的会计记录，账户对应关系如图4-6所示。

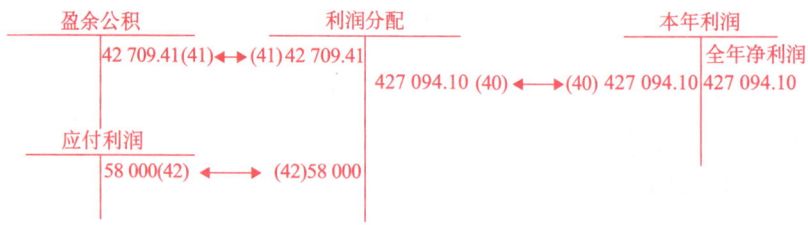

图 4-6

小测试

假设星光公司是新设立的，该年年终还有多少未分配利润？属于公司的留存收益吗？

[拓展阅读]
"共享单车"的财务核算

知识梳理

◆ 企业进行生产经营所需要的资金主要来源于两个渠道：一是所有者投入的资金；二是从债权人借入的资金。
　　为了记录筹集资金过程发生的交易或事项，设置"实收资本"和"资本公积"账户进行投入资本的核算，设置"短期借款"和"长期借款"账户进行借入资金的核算。

◆ 材料采购过程核算的主要内容是：确认计算材料采购的成本，与供货单位办理价款结算，材料验收入库等。通过设置"在途物资""原材料""应交税费"等账户进行核算。

◆ 产品生产过程核算的主要内容是：对生产耗费进行归集和分配，产品制造成本的计算与结转。通过设置"生产成本""制造费用""管理费用""财务费用""库存商品"等账户进行核算。

◆ 销售过程核算的主要内容是：确认营业收入，结转营业成本，计算应交税金及附加，支付各项销售费用，确定销售业务成果，与购买方结算价款。通过设置"主营业务收入""主营业务成本""税金及附加""销售费用""其他业务收入""其他业务成本"等账户进行核算。

◆ 利润是指企业在一定会计期间的经营成果，包括营业利润、利润总额和净利润。会计期末，企业应将各收益类账户和各成本费用或支出类账户的期末余额转入"本年利润"账户。年度终了，企业还应将"本年利润"账户本年实现的净利润或亏损转入"利润分配"账户。

◆ 企业对实现的净利润分配（或亏损弥补）应按下列顺序进行：弥补以前年度亏损；提取法定盈余公积、任意盈余公积；向投资者分配利润。经过分配仍有余额，属于未分配利润。

第五单元 成本计算

本单元重点
- ☐ 成本计算的一般程序
- ☐ 各种费用的归集和分配

第一节 成本计算的含义和程序

一、成本计算的含义

成本计算是会计核算的一种专门方法。企业从事生产和经营活动都要消耗一定的人力、物力和财力。**在一定的时期内，生产和经营活动中所发生的耗费的货币表现就是费用。费用按一定对象（材料、产品）进行归集和分配，即构成该对象的成本。**在供应过程中所支付的材料货款、采购费用，按各种材料进行归集后即构成该材料的采购成本；在生产过程中所发生的生产费用（包括材料成本），按各种产品进行归集后即构成各种产品的制造成本。因此，**成本计算就是将生产经营活动过程中所发生的各种费用，按各种不同的对象进行归集和分配，计算出各个对象的总成本和单位成本。**

> **想一想**
>
> 费用与成本有何区别和联系？

二、成本计算的程序

成本计算的一般程序如图 5-1 所示。

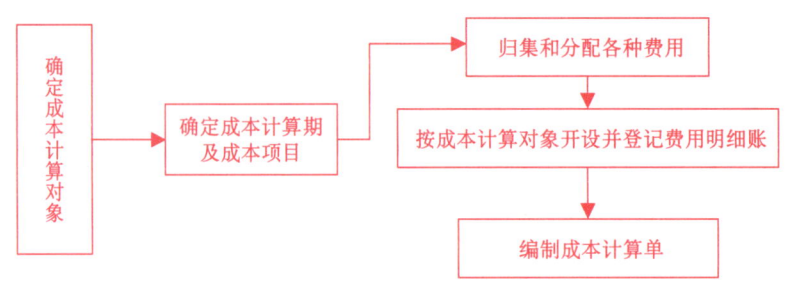

图 5-1 成本计算的一般程序

（一）确定成本计算对象

成本计算对象，是指归集费用的对象或者说成本归属的对象，即计算谁的成本。进行成本计算，应首先确定成本计算对象，并按确定的成本计算对象归集各种费用、计算成本。

例如，企业的材料采购成本，应以材料的品种作为成本计算对象；产品制造成本，应以产品的品种、批别或加工步骤作为成本计算对象；产品销售成本，应以销售的各种产品作为成本计算对象。

（二）确定成本计算期

成本计算期，是指每间隔多长时间计算一次成本。由于费用和成本是随同生产经营过程的各个阶段而发生和逐步积累形成的，一般来说成本计算期应当同产品的生产周期相一致，但还要考虑企业生产的特点。

如在制造业企业中，对于大量、大批生产的企业，为计算和考核每月的经营成果，规定以"月"为成本计算期，即月末计算各种产品成本；而对于单件组织生产的企业，其成本计算期同产品的生产周期一致。

（三）确定成本项目

成本项目，是对各种费用按其经济用途所作的分类。企业在进行成本计算时，必须确定成本中包括哪些成本项目。成本项目要按照有关制度规定并结合企业具体情况加以确定。如材料成本项目一般包括：材料买价、采购费用；产品制造成本项目一般包括：直接材料、直接人工、制造费用。

（四）正确归集和分配各种费用

成本计算的过程实际上就是费用按一定成本对象进行归集和分配的过程。在生产经营活动中所发生的各项费用，应按照"谁受益谁承担"的原则进行归集和分配。

1. 对属于一个成本计算对象的费用，应直接计入该对象的成本中。

例如，星光公司购入生产用材料——丝绸布 1 000 米，买价 50 000 元，运杂费、装卸费等采购费用 800 元。因只采购一种材料，只有一个材料采购成本计算对象，因此材料买价 50 000 元和采购费用 800 元直接计算该材料的采购成本，即丝绸布的材料成本为 58 000 元。

2. 对属于几个成本计算对象的费用，则应计入间接费用，按照一定的分配标准，在受益对象之间进行分配，然后计入各受益对象的成本中。

例如，星光公司一次购入两种生产用材料，其中丝绸布1000米，买价50 000元，亚麻布2 000米，买价40 000元，运杂费、装卸费等采购费用一共1 800元。因采购两种材料，有两个材料采购成本计算对象，因此对于购买材料过程中发生的1 800元采购费用，属于间接费用，应当按照一定的标准进行分配，确定后再分别计入材料——丝绸布的采购成本和材料——亚麻布的采购成本中。

应当说明的是，分配间接费用的标准对成本计算的正确性影响很大，必须慎重选用。一经选用，不能随意变动，以保持成本计算口径的一致性。

（五）按成本计算对象开设并登记费用明细账

计算成本必须按规定的成本项目为各个成本计算对象开设有关费用明细账，将发生的各种费用，按其经济用途在各明细账进行归集和分配，借以计算各成本对象的成本。

（六）编制成本计算单

根据费用明细账中提供的资料，按照规定的成本计算期与成本项目，分别计算各个成本对象的总成本和单位成本，编制成本计算单。

[拓展阅读]
成本明细账和成本计算单

第二节　成本的构成和计算

在企业中，由于经济活动各有特点，因此，在具体运用成本计算这一专门方法时，必须根据经营过程和经济活动的特点，确定成本计算的具体程序和具体方法。下面仅以制造业企业的材料采购成本、产品制造成本和产品销售成本为例，分别说明成本计算的基本原理和基本方法。

一、材料采购成本的构成和计算

材料采购成本的计算，是把购入材料所支付的买价和各项采购费用，按照材料的品种或类别加以归集、分配，以计算各种材料的实际采购总成本和单位成本。

(一) 材料采购成本的构成

购入材料物资的采购成本组成如图5-2所示。

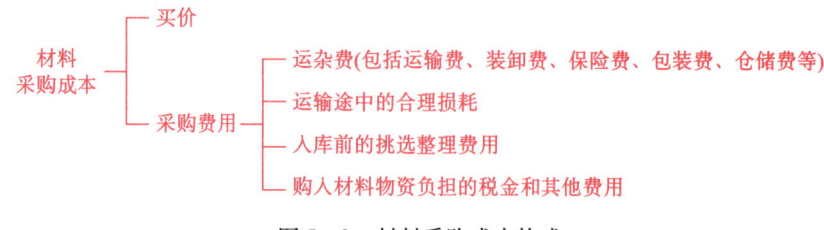

图5-2 材料采购成本构成

(二) 材料采购成本的计算

1. 材料的买价应直接计入该种材料的采购成本。即：

$$买价 = 单价 \times 采购数量$$

2. 材料的采购费用可分以下两种情况：

（1）能分清由哪种材料物资负担的采购费用，就直接计入该种材料物资的采购成本。

（2）不能分清由哪种材料物资负担的费用，则应采用合理的分配标准进行分配，计入各种材料物资的采购成本。分配标准一般可按材料物资的重量或买价进行分配，其计算公式如下：

$$采购费用分配率 = \frac{采购费用总额}{各种材料物资总重量（或买价）}$$

$$某种材料物资应分摊的采购费用 = 该种材料重量（或买价） \times 分配率$$

【例5-1】 星光公司5月份购进A、B、C三种材料，三种材料的各项采购费用支出，如表5-1所示。

表5-1　　　　　　　　　　　　　　　　　　　　　　　　　　　　金额单位：元

材料名称	单位	单价	重量	买价	运杂费
A材料	千克	4.00	80 000	320 000	
B材料	千克	2.00	40 000	80 000	8 800
C材料	千克	5.00	100 000	500 000	
合　计	—	—	220 000	900 000	8 800

从表5-1可以看出，每种材料的买价应直接计入各该材料的采购成本，但是由三种材料负担的运杂费8 800元，如果按各种材料的重量分摊运杂费，其计算方法如下：

1. 运杂费的分配方法：

（1）分配标准：A、B、C三种材料的重量。

（2）分配率（每千克材料应负担的运杂费）= 8 800/220 000 = 0.04（元/千克）

（3）各种材料应分摊的运杂费：

A材料应分摊的运杂费 = 80 000 × 0.04 = 3 200（元）

B材料应分摊的运杂费 = 40 000 × 0.04 = 1 600（元）

C材料应分摊的运杂费 = 100 000 × 0.04 = 4 000（元）

2. 登记A、B、C三种材料的材料采购明细账如表5-2至表5-4所示。

表5-2　　　　　　　　　　"在途物资"明细分类账

材料名称或类别：A材料　　　　　　　　　　　　　　　　　　　　　　　　单位：元

年		凭证号码	摘　要	借　方			贷方	余额
月	日			买价	运杂费	合计		
			购入80 000千克，单价4元	320 000		320 000		320 000
	略	略	分摊运杂费		3 200	3 200		323 200
			结转实际采购成本				323 200	—
			发生额和余额	320 000	3 200	323 200	323 200	—

表5-3　　　　　　　　　　"在途物资"明细分类账

材料名称或类别：B材料　　　　　　　　　　　　　　　　　　　　　　　　单位：元

年		凭证号码	摘　要	借　方			贷方	余额
月	日			买价	运杂费	合计		
			购入40 000千克，单价2元	80 000		80 000		80 000
	略	略	分摊运杂费		1 600	1 600		81 600
			结转实际采购成本				81 600	—
			发生额和余额	80 000	1 600	81 600	81 600	—

表5-4　　　　　　　　　　"在途物资"明细分类账

材料名称或类别：C材料　　　　　　　　　　　　　　　　　　　　　　　　单位：元

年		凭证号码	摘　要	借　方			贷方	余额
月	日			买价	运杂费	合计		
			购入100 000千克，单价5元	500 000		500 000		500 000
	略	略	分摊运杂费		4 000	4 000		504 000
			结转实际采购成本				50 400	—
			发生额和余额	500 000	4 000	50 400	50 400	—

3. 编制材料采购成本计算单，见表5-5。

表5-5　　　　　　　　　　材料采购成本计算单

编制单位：星光服装有限责任公司　　　　　××年5月　　　　　　　　　　单位：元

成本项目	A材料		B材料		C材料	
	总成本（80 000千克）	单位成本	总成本（40 000千克）	单位成本	总成本（100 000千克）	单位成本
买价	320 000	4.00	80 000	2.00	500 000	5.00
运杂费	3 200	0.04	1 600	0.04	4 000	0.04
采购成本	323 200	4.04	81 600	2.04	504 000	5.04

二、产品制造成本的构成和计算

产品制造成本的计算,是按照生产的各种产品,归集和分配在生产过程中所发生的各项生产费用,并按成本项目计算各种产品的总成本和单位成本。

(一) 产品制造成本的构成

产品制造成本 = 直接材料 + 直接人工 + 制造费用

1. 直接材料。包括:产品制造过程中实际耗费的原材料、辅助材料、设备配件、外购半成品、燃料、动力以及其他直接材料和电力等。
2. 直接人工。包括:从事产品制造的人员工资、奖金、补贴以及职工福利费等。
3. 制造费用。是指企业为制造产品和提供劳务而发生的各项间接费用,包括:车间生产用房屋及建筑物的折旧费、修理费、经营租赁费、保险费、照明费、取暖费、运输费、劳动保护费等。

(二) 产品制造成本的计算

以产品品种为成本计算对象的企业或车间,如果只生产一种产品,则成本计算对象只有一个,发生的应计入产品成本的各项费用只要按成本项目进行归集就可确定该种产品的成本。如果生产多种产品,由于成本计算对象有两个以上,对于发生的各项费用,应区别不同情况进行处理:**凡是能分清属于哪种产品负担的费用,即直接费用**,应当根据有关凭证直接计入该种产品的生产成本明细分类账或成本计算单中;**凡是不能分清属于哪种产品负担的费用,即间接费用**,应采用一定的分配方法在各种产品之间进行分配。

产品成本项目中,直接材料、直接人工等一般都属于直接费用,而制造费用则属于间接费用。间接费用的分配标准一般有:生产工人工时、生产工人工资、机器工时和直接材料成本等。下面以生产工人工时分配标准为例,列示间接费用的分配。公式如下:

$$间接费用分配率 = \frac{间接费用总额}{生产工人工时总和}$$

某种产品应分配的间接费用 = 该种产品的生产工时 × 间接费用分配率

经过分配后的间接费用已归属于各种产品,就可以和直接费用一起计入生产成本明细账,构成本期产品的生产费用。

1. 如果月末某种产品全部完工,该种产品成本明细账所归集的费用总额就是该种完工产品的总成本,即:

完工产品总成本 = 期初在产品成本 + 本期生产费用

总成本除以该种产品的总产量,就可计算出该种产品的单位成本。

2. 如果月末某种产品全部未完工,该种产品成本明细账所归集的费用总额就是该种产品在产品的总成本,即:

期末在产品成本 = 期初在产品成本 + 本期生产费用

3. 如果月末某种产品一部分完工一部分未完工，这时，产品成本明细账所归集的费用总额，还需要采用适当的方法在完工产品和在产品之间进行分配，从而算出本期完工产品的成本和期末在产品的成本。即：

完工产品总成本＝期初在产品成本＋本期生产费用－期末在产品成本

提示：生产费用在完工产品与月末在产品之间分配的方法，将在"成本会计"课程中讲述。

现举例说明产品生产成本的计算方法。

【例 5-2】 星光公司生产甲、乙两种产品，7 月份发生的各项生产费用和有关资料如表 5-6 所示。

表 5-6

单位：元

产品名称	生产工时（小时）	完工数量（件）	直接材料	直接人工	制造费用	合计
甲产品	16 000	1 000	66 880	9 120		
乙产品	60 000		257 300	34 200		
合计	76 000		324 180	43 320	19 000	386 500

从上述资料可以看出，直接材料 324 180 元和直接人工 43 320 元都是直接费用，可以直接计入各种产品的生产成本，而制造费用 19 000 元是甲、乙产品共同负担的间接费用，需要按一定的标准在甲、乙两种产品之间进行分配，然后再分别计入各该产品的生产成本。

假定该企业是以生产工时为标准分配制造费用的，其分配过程如下：

$$制造费用分配率 = \frac{制造费用总额}{生产工人工时总和} = \frac{19\,000}{16\,000 + 60\,000} = 0.25（元/小时）$$

甲产品应分配的制造费用＝A 产品的生产工时×制造费用分配率
　　　　　　　　　　　＝16 000×0.25＝4 000（元）

乙产品应分配的制造费用＝B 产品的生产工时×制造费用分配率
　　　　　　　　　　　＝60 000×0.25＝15 000（元）

经过分配的制造费用，就可以和直接材料、直接人工等费用一起计入"生产成本明细账"的有关成本项目栏内。

将所有的生产费用归集完毕之后，再将"生产成本明细账"上的生产费用之和，在完工产品和在产品之间进行分配。

完工产品成本＝期初在产品成本＋本期生产费用－期末在产品成本

在例 5-2 中：本月甲产品全部完工，其生产成本明细账上所归集的生产费用就是完工产品成本；本月乙产品全部未完工，其生产成本明细账上所归集的生产费用就是在产品成本。

根据例 5-2 的资料，设置并登记"生产成本明细账"，如表 5-7、表 5-8 所示。

表 5-7　　　　　　　　　　　生产成本明细账

产品品种或类别：甲产品　　　　　　　　　　　　　　　　　　　　　　　　　　单位：元

年		凭证号数	摘要	直接材料	直接人工	制造费用	合计
月	日						
略	略	略	生产耗用材料	66 880			66 880
			分配职工薪酬		9 120		9 120
			分配制造费用			4 000	4 000
			本期生产费用合计	66 880	9 120	4 000	80 000
			结转完工产品成本	66 880	9 120	4 000	80 000

表 5-8　　　　　　　　　　　生产成本明细账

产品品种或类别：乙产品　　　　　　　　　　　　　　　　　　　　　　　　　　单位：元

年		凭证号数	摘要	直接材料	直接人工	制造费用	合计
月	日						
略	略	略	生产耗用材料	257 300			257 300
			分配职工薪酬		34 200		34 200
			分配制造费用			15 000	15 000
			本期生产费用合计	257 300	34 200	15 000	306 500
			期末在产品成本	257 300	34 200	15 000	306 500

想一想

未完工的乙产品成本仍然保留在"生产成本"的借方，形成期末余额，这意味着什么？

根据生产成本明细账的资料，编制该月份产品生产成本计算表，如表 5-9 所示。

表 5-9　　　　　　　　　　　产品生产成本计算表

××年7月　　　　　　　　　　　　　　　　　　　　　　　　　　　　　　　　单位：元

成本项目	甲产品（1 000 件）	
	总成本	单位成本
直接材料	66 800	66.88
直接人工	9 120	9.12
制造费用	4 000	4.00
合　计	80 000	80

三、产品销售成本的构成和计算

（一）产品销售成本的构成

在产品销售过程中，企业将生产出来的产品销售出去，获得产品销售收入，扣除销售产品成本、税金及附加和期间费用后才是营业利润。按有关制度规定，产品的销售成本是由已售产品的生产成本直接构成，从产品销售收入得到补偿，而税金及附加和期间费用则从当期的营业利润中扣除，不计入产品销售成本。所以，**产品的销售成本即为该产品的制造成本。**

（二）产品销售成本的计算

产品销售成本是根据已销售产品的数量和实际单位制造成本计算出来的，计算公式如下：

产品销售成本 = 产品的销售数量 × 已销产品的单位制造成本

【例 5 - 3】 星光公司 7 月 31 日结转本月产品销售成本，其中：甲产品销售 160 件，单位成本 469 元，乙产品销售 110 件，单位成本 204 元。

根据上述资料可计算出本月销售产品的成本：

甲产品销售成本 = 160 × 469 = 75 040（元）

乙产品销售成本 = 110 × 204 = 22 440（元）

在实际工作中，本月销售的产品不仅有当月完工入库的产品，而且还会有以前月份结存的产品。由于各个月份的产品单位制造成本不同，因此，需要采用适当的计价方法，确定已销产品的单位制造成本，从而计算产品的销售成本。有关各种计价方法，将在"工业企业会计"课程中予以介绍。

［拓展阅读］

产品成本的计算方法

［拓展阅读］

"吃不胖"快餐店的成本控制

知识梳理

- ◆ 成本计算就是将生产经营活动过程中所发生的各种费用，按各种不同对象进行归集和分配，计算出各个对象的总成本和单位成本。
- ◆ 材料采购成本包括买价、运杂费（包括运输费、装卸费、保险费、包装费、仓储费等）、运输途中的合理损耗、入库前的挑选整理费用、购入材料物资负担的税金和其他费用。

  在计算采购成本时，凡是能分清由哪种材料物资负担的费用，应直接计入该种材料物资的采购成本；凡是不能分清由哪种材料物资负担的费用，则应采用合理的分配标准（一般可按材料物资的重量或买价作为分配标准）进行分配，计入各种材料物资的采购成本。
- ◆ 产品制造成本由直接材料、直接人工、制造费用构成，其中直接材料、直接人工都属于直接费用，而制造费用则属于间接费用。间接费用应采用一定的分配方法在各种产品之间进行分配。
- ◆ 产品的销售成本通常由已售产品的生产成本直接构成。

第六单元
填制会计凭证

本单元重点
☐ 会计凭证的分类
☐ 原始凭证的填制和审核
☐ 记账凭证的填制

第一节 会计凭证的含义及分类

一、会计凭证的含义

在我们的生活中，会计凭证多种多样：新学期开学时，你交了书费，学校会给你开具一张收据，上面记载着你交费的项目、金额等；去书店买书时，你可以要求书店开一张发票，上面会注明所购买的书籍名称、数量、金额等，这些单据都属于会计凭证。

会计凭证是记录交易或事项，明确经济责任，据以登记账簿的书面证明。

企事业单位在处理发生的经济业务时，都必须由经办业务的有关人员根据有关规定和程序，认真填制会计凭证，对经济活动过程做出完整的书面记录，并由相关部门和人员在会计凭证上签字盖章，以示对经济业务的合法性和会计凭证的真实性、完整性负责；有关人员必须对已取得的会计凭证进行严格的审核，只有经过审核无误的会计凭证才能作为登记账簿的依据。

二、会计凭证的种类

会计凭证一般按填制的程序和用途不同，分为原始凭证和记账凭证。

1. **原始凭证**，是在交易或事项发生或完成时取得或填制的，用来记录或证明交易或事项的发生或完成情况的原始凭据。原始凭证又称"单据"。原始凭证是进行会计核算工作的原始资料和重要依据，是会计资料中最具法律效力的一种证明文件。

2. **记账凭证**，是会计人员根据审核无误的原始凭证，按照交易或事项的内容加以归类，并据以确定会计分录后填制的会计凭证。记账凭证又称"传票"。

记账凭证要根据复式记账的原理,确定会计科目的记账方向及金额,将原始凭证的内容,即交易或事项转化为会计语言。记账凭证是原始凭证和账簿之间的中间环节,是登记各种账簿的依据。

第二节　原始凭证的填制与审核

一、原始凭证的种类

在日常生活中,原始凭证的种类繁多,形式多样,名称不同,形式各异,内容及繁简程度不一。但无论哪一种原始凭证,都是交易或事项的原始证据,必须详细载明有关交易或事项的发生或完成情况,明确经办单位和人员的经济责任。因此,各种原始凭证又都具有一些共同的基本内容。

原始凭证所包括的基本内容,称为"原始凭证要素"。原始凭证主要包括七要素:
1. 原始凭证名称;
2. 填制凭证的日期和编号;
3. 接受凭证单位或个人的名称;
4. 交易或事项内容;
5. 交易或事项的数量、单价和金额;
6. 填制单位名称或填制人姓名;
7. 经办人员签名或盖章。

下面以发票为例,说明原始凭证的基本内容(见图6-1)。

发票是在购销商品、劳务以及从事其他经济活动中开具、收取的收付款的原始凭证。发票有普通发票和增值税专用发票之分。

二、原始凭证的分类

各单位的经济业务活动是多种多样的,因此,原始凭证的格式、内容以及填制的手续也不尽相同。原始凭证可按不同的方式进行分类:

(一) 按取得的来源不同分类

按取得原始凭证的来源不同划分,可将原始凭证划分为自制原始凭证和外来原始凭证。

1. 自制原始凭证。自制原始凭证是指由本单位内部经办业务的部门和人员,在执行或完成某项交易、事项时填制的,仅供本单位内部使用的原始凭证。如领料单(见表6-1)、收料单、差旅费报销单、材料验收入库单(见表6-2)等。

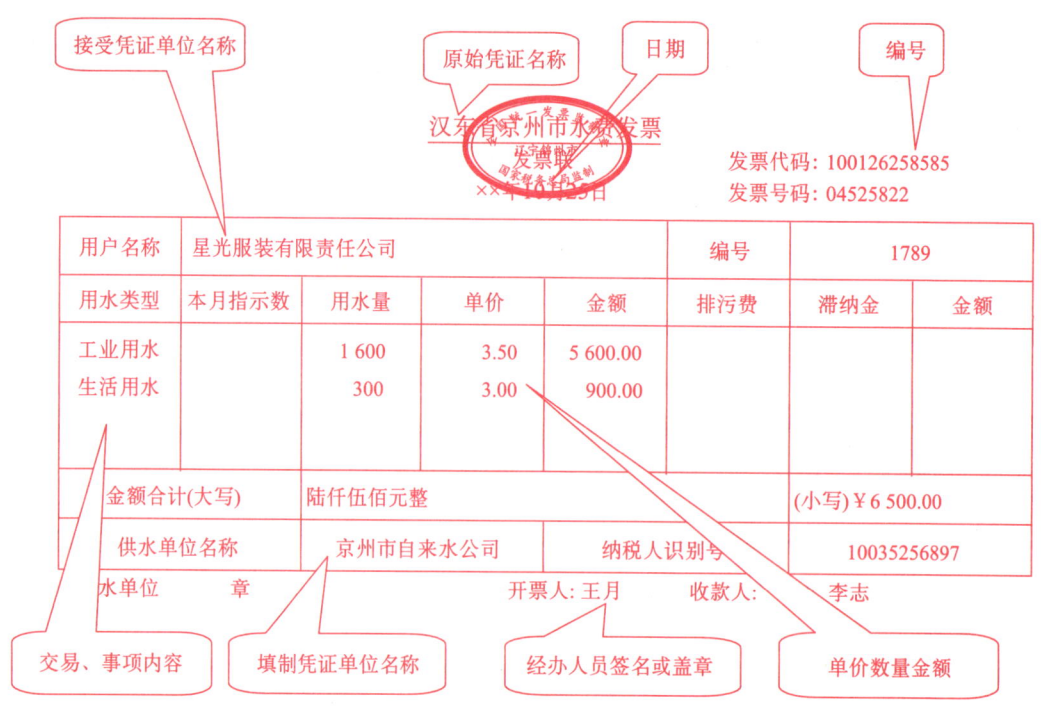

图 6-1　原始凭证的基本内容

表 6-1　　　　　　　　　　　　　领　料　单

领料单位：　　　　　　　　　　　　　　　　　　　　　　　　　　　编　号：
用途：　　　　　　　　　　　　　年　月　日　　　　　　　　　　　发料仓库：

材料名称	材料编号	规　格	计量单位	数量		单位成本	金　额	备　注
				请领	实发			

仓库负责人：　　　　　　　　记账：　　　　　　　　　仓库保管员：　　　　　　　领料：

表 6-2

| 验收仓库 |

材　料　验　收　入　库　单　②　记　账

　　　　　　　　　　　　　　　年　月　日　　　　　　　　　　　　　　　　第　号

供应单位：			合同号			发票号		托收支票	
物资名称	材质	规格型号	单位	数　量		实际价格			
				应收	实收	单价	金额	运杂费	合计
合　计									

会计　　　　　　　　记账　　　　　　　　保管员　　　　　　　　经办人

2. 外来原始凭证。外来原始凭证是在企业同外单位发生交易时，从其他企业或个人处直接取得的原始凭证，如购货时收到的增值税专用发票（见表6-3）、职工出差时取得的火车票、飞机票、银行送来的各种收款通知（见表6-4）等。

表6-3
2102103140

汉东增值税专用发票

发票联

No 00436738
开票日期　年　月　日

购买方	名　称：								
	纳税人识别号：				密码区	（略）			
	地址、电话：								
	开户行及账号：								

货物或应税劳务、服务名称	规格型号	单位	数量	单价	金额	税率	税额
合　　　　　计							
价税合计（大写）	⊗				（小写）		

销售方	名　称：		备注	
	纳税人识别号：			
	地址、电话：			
	开户行及账号：			

收款人：　　　　复核：　　　　开票人：　　　　销货单位：（章）

第三联：发票联　购买方记账凭证

表6-4

业务收费单

年　月　日

户名				账号									
业务种类	□现金支票　□转账支票　□电汇　□汇票委托书　□银行承兑汇票												
	□贷款承诺　□查询查复　□保函　□企业验资　□其他												
业务种类	笔数	工本费	邮电费	手续费	起止号码	金额							
						千	百	十	万	千	百	十	元	角	分
合计金额(大写)													
客户预留印鉴				银行业务签章									
				复核员：　　记账员：　　验印：									

第五联：回单

外来原始凭证一般由税务局等部门统一印制，在填制时加盖出具单位公章方才有效，对于一式多联的原始凭证必须用复写纸套写。

（二）按照格式的不同分类

原始凭证按照格式不同，可以分为通用凭证和专用凭证。

1. 通用凭证是指由有关部门统一印制、在一定范围内使用的具有统一格式和使用方法的原始凭证。通用凭证的使用范围可以是某一地区、某一行业，也可以全国通用。如现金缴款单（见表6-5）、转账支票等。

表6-5

中国工商银行　　现金缴款单

缴款日期：　　年　月　日

券种明细			缴款单位	全称		账号											第一联：回单
券种	张数	金额															
壹佰元																	
伍拾元																	
贰拾元				开户银行													
拾元																	
伍元																	
贰元																	
壹元				款项来源			百	十	万	千	百	十	元	角	分		
伍角																	
贰角				人民币（大写）													
壹角																	
伍分				现　金			复核员　　出纳收款员										
贰分																	
壹分				收讫			复核员　　记账员										
合计																	

2. 专用凭证指由单位自行印制、仅在本单位内部使用的原始凭证。如借款单（见表6-6）、差旅费报销单、工资结算单（见表6-7）等。

表6-6　　　　　　　　　　　借　款　单（记账）

年　月　日　　　　　　　　　　　　　　顺序第　号

借款单位		姓名		级别		出差地点		第三联：借款记账凭证
						天　数		
事由		借款金额（大写）						
单位负责人签署		借款人签章				注意事项	一、有※者由借款人填写 二、凡借用公款必须使用本单 三、第三联为正式借据由借款人和单位负责人签章 四、出差返回有三天内结算	
机关首长或授权人批示		审核意见						

表 6-7　　　　　　　　　　　　　工资结算单

部门：　　　　　　　　　　　　　　　年　月　日

序号	姓名	应发工资					代扣项目				实发工资	领款人签字
		基本工资	岗位津贴	月奖	技术津贴	小计	养老保险	医疗保险	个人所得税	小计		
	合计											

部门主管：　　　　　　　工资核算员：　　　　　　　　　复核：

（三）按填制手续及内容不同分类

按填制手续及内容不同划分，可将原始凭证划分为一次原始凭证、累计原始凭证和汇总原始凭证。

1. 一次原始凭证。是指一次填制完成，只记录一笔经济业务且仅一次有效的原始凭证，如收据、领料单、收料单、发货票、借款单等。

一次原始凭证的填制手续是在交易或事项发生或完成时，由经办人员一次性填制完成的。一般只反映一项交易或事项，如开具给购货方的"增值税专用发票"等。有时也反映若干项同类性质的交易或事项，如"领料单"，领料部门一次可能领用一种材料，也可能领用几种材料，只要是填写在一张"领料单"上，并且是一次性领用的，即为一次原始凭证。

2. 累计原始凭证。累计原始凭证是在一定时期内多次记录发生的同类经济业务且多次有效的原始凭证。

累计原始凭证是分次完成填制手续、可以多次使用、有利于管理控制的原始凭证。"限额领料单"是最具代表性的累计原始凭证，其格式如表6-8所示。

表 6-8　　　　　　　　　　　　　限　额　领　料　单

　　　　　　　　　　　　　　　　　年　月　　　　　　　　　　　　　　编号：

领料单位：　　　　　　　　　　　用　途：　　　　　　　　　　　　　计划产量：

材料编号：　　　　　　　　　　　名称规格：　　　　　　　　　　　　计量单位：

单　价：　　　　　　　　　　　　消耗定量：　　　　　　　　　　　　领用限额：

年		请　领		实　发				
月	日	数量	领料单位负责人	数量	累计	发料人	领料人	限额结余
合计								

供应部门负责人：　　　　　　　生产计划部门负责人：　　　　　　仓库负责人：

3. 汇总原始凭证。是指对一定时期内反映经济业务内容相同的若干张原始凭证，按照一定标准综合填制的原始凭证。

汇总原始凭证也称原始凭证汇总表，是为了简化核算手续，缩减记账凭证数量而设置的，如发出材料汇总表（见表6-9）、工资结算汇总表等。汇总原始凭证是有关责任人员根据经济管理的需要定期编制的。

表6-9　　　　　　　　　　发出材料汇总表（一般格式）

年　月　日

会计科目		原料及主要材料	辅助材料	燃料	…	合计
生产成本	基本生产成本					
	辅助生产成本					
制造费用						
管理费用						
合　计						

复核：　　　　　　　　制表：

原始凭证的分类情况如图6-2所示。

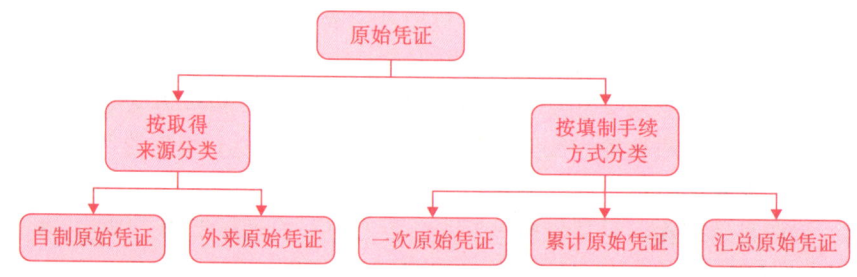

图6-2　原始凭证分类

三、原始凭证的填制

（一）原始凭证填制的基本要求

为了正确、完整、及时地记录各项经济业务，填制原始凭证必须遵循以下七项基本要求：

1. 记录要真实。原始凭证所填列的经济业务内容和数字必须真实准确，符合实际情况。
2. 内容要完整。原始凭证所要求填列的项目必须逐项填列齐全，不得遗漏和省略。
3. 手续要完备。单位自制的原始凭证必须有经办单位领导人或者其他指定的人员签名（盖章）；对外开出的原始凭证必须加盖本单位公章；从外部取得的原始凭证，必须盖有填制单位的公章；从个人取得的原始凭证，必须有填制人员的签名（盖章）。
4. 书写要清楚、规范。

（1）原始凭证要按规定填写，文字要简要，字迹要清楚，易于辨认，不得使用未经国务院公布的简化汉字。

（2）大小写金额必须相符且填写规范，小写金额用阿拉伯数字逐个书写，不得写连笔字。

（3）在金额前要填写人民币符号"￥"，人民币符号"￥"与阿拉伯数字之间不得留有空白。

正确：￥1276.34　　　　错误：￥　　1276.34

(4) 金额数字一律填写到角、分，无角、分的，写"00"或符号"—"；有角无分的，分位写"0"，不得用符号"—"。

正确：￥1276.34　　￥1276.30　　￥1276.00　　￥1276.—
错误：￥1276.3—

(5) 大写金额用汉字壹、贰、叁、肆、伍、陆、柒、捌、玖、拾、佰、仟、万、亿、元、角、分、零、整等，一律用正楷或行书字体书写。大写金额前未印有"人民币"字样的，应加写"人民币"三个字，"人民币"字样和大写金额之间不得留有空白。

正确：大写金额：人民币壹仟贰佰柒拾陆元叁角肆分
错误：大写金额：人民币　　壹仟贰佰柒拾陆元叁角肆分

(6) 大写金额到元或角为止的，后面要写"整"或"正"字；有分的，不写"整"或"正"字。

如：小写金额为￥1008.00，大写金额应写成：人民币壹仟零捌元整
　　小写金额为￥1008.35，大写金额应写成：人民币壹仟零捌元叁角伍分

5. 编号要连续。各种原始凭证要连续编号，以便查考。如果原始凭证已预先印定编号，在写坏作废时，应加盖"作废"戳记，妥善保管，不得撕毁。

6. 不得涂改、刮擦、挖补。原始凭证发生差错要按规定的方法更正，不得涂改或刮擦、挖补。原始凭证有错误的，应当由出具单位重开或更正，更正处应当加盖出具单位印章。原始凭证金额错误的，应当由出具单位重开，不得在原始凭证上更正。

7. 填制要及时。各种原始凭证一定要及时填写，并按规定的程序及时送交会计机构、会计人员进行审核。

（二）原始凭证填制举例

1. 一次原始凭证的填制。下面以"收料单""增值税专用发票"为例，介绍一次原始凭证的填制方法。

（1）收料单的填制。收料单是企业购进材料验收入库时，由仓库保管人员根据购入材料的实际验收情况填制的一次性原始凭证。

企业外购材料，都应履行入库手续，由仓库保管人员根据供应单位开来的发票账单，按实收数量填制"收料单"。

收料单通常是一料一单，一式三联，一联留仓库，据以登记材料物资明细账和材料卡片；一联随发票账单到会计部门报账；一联交采购部门或人员存查。

> **小知识**
>
> 原始凭证签章要求：
> （1）从外单位取得的原始凭证，必须盖有填制单位的公章；
> （2）从个人处取得的原始凭证，必须有填制人员的签名或者盖章；
> （3）自制原始凭证必须有经办单位领导或者其指定的人员签名或者盖章；
> （4）对外开出的原始凭证，必须加盖本单位公章。

【例6-1】　星光公司购入纯棉印花布10 000米，单价4元，另付购入材料运杂费200元。

本例中，仓库保管人员验收后应填制"收料单"，其格式与内容如表6-10所示。

表6-10　　　　　　　　　　　星光服装有限责任公司
收 料 单

供货单位：锦绣纺织材料有限公司
发票号码：00661136　　　　　　　××年5月8日　　　　　　　收货仓库：　1号库

材料类别	材料编号	材料名称及规格	计量单位	数量		实际成本（元）			
				应收	实收	买价		运杂费	合计
						单价	金额		
主料	022	印花布	米	10 000	10 000	4.00	40 000.00	200.00	40 200.00
		合计					40 000.00	200.00	40 200.00

仓库负责人：于洪　　　　记账：单冬冬　　　　仓库保管员：王景　　　　收料：王丹青

（2）增值税专用发票的填制。增值税专用发票是由国家税务总局监制设计印制的，只限于增值税一般纳税人领购使用的，既作为纳税人反映经济活动的重要会计凭证，又是兼记销售方纳税义务和购买方进项税额抵扣的合法证明。

【例6-2】 星光公司销售男套装1 000套给天源贸易有限责任公司，单价130元，金额130 000元，双方均为增值税一般纳税人，税率13%，税额16 900元。应开具增值税专用发票如表6-11所示。

表6-11　　　　　　　　　　　汉东增值税专用发票
发 票 联

21000331406　　　　　　　　　　　　　　　　　　　　　　　　　　　　07060422
开票日期：××年5月10日

购买方	名　称：天源贸易有限责任公司	密码区	6+-〈2〉6〉589+256+/*加密版本01
	纳税人识别号：3301002782236245		446〈600375〈35〉〈4/*21000331406
	地址、电话：国庆路46号		2-2〈2051+24+2618〈7　07060422
	开户行及账号：建行南山分行180100112201019		/3-15〉〉09/5/-1〉〉〉+2

货物或应税劳务、服务名称	规格型号	单位	数量	单价	金额	税率	税额
男套装		套	1 000	130.00	130 000.00	13%	16 900.00
合计					130 000.00		16 900.00

价税合计（大写）　　Ⓧ壹拾肆万陆仟玖佰元整　　　　　　　　￥146 900.00

销售方	名　称：星光服装有限责任公司	备注
	纳税人识别号：210602002234678	
	地址、电话：四方街206号，3133666	
	开户行及账号：工行南四分行3010112200088	

收款人：于娜　　　复核：李一同　　　开票人：刘玉　　　销货单位：（章）

提示： 原始凭证应连续编号，一式几联的原始凭证应当注明各联的用途，且只能以一联作为报销凭证。作废时应当加盖"作废"戳记，连同存根一起保存，不得撕毁。

2. 累计原始凭证的填制。下面以"限额领料单"为例说明累计凭证的填制方法。

"限额领料单"是多次使用的累计发料凭证。在有效期间内(一般为1个月),只要领用数量不超过限额就可以连续使用。"限额领料单"是由生产、计划部门根据下达的生产任务和材料消耗定额按每种材料用途分别开出的。其填制程序是:

(1) 领料部门申请领料时,在限额领料单内填写领料数量等内容,并经负责人签章批准。

(2) 仓库依据请领数量、材料的品名、规格在限额内发料,同时将实发数量及限额余额填写在限额领料单内,领发料双方在单内签章。

(3) 月末仓库在限额领料单内结出实发数量和结存数量转交财会部门,据以计算材料费用,进行会计核算。

注意: 使用限额领料单领料,全月领用材料的数量一般不能超过生产计划部门下达的全月领用限额。

【例6-3】 星光服装有限责任公司生产C款女裙装耗用的主要材料为3011号真丝。领用该材料采用限额领料单。10月份领用情况如表6-12所示。

表6-12　　　　　　　　　　　限 额 领 料 单

××年10月

领料单位:一车间　　　　用　途:C款女裙装　　　　编　号:013
名称规格:真丝1M×1.5M　　计量单位:米　　　　　　材料编号:3011
　　　　　　　　　　　　　　　　　　　　　　　　　　领用限额:500米

××年		请领		实发				
月	日	数量	领料单位负责人	数量	累计	发料人	领料人	限额结余
10	5	200	李志	200	200	王景	董利	300
	16	100	李志	100	300	王景	董利	200
	25	160	李志	160	460	王景	董利	40
合计		460		460	460			40

供应部门负责人:郑笑　　　　生产计划部门负责人:李季　　　　仓库负责人:于洪

从以上"限额领料单"的记录可知,一车间在当月完成生产任务条件下,实际累计耗用460米,与领用限额500米对比节约40米。"限额领料单"不仅起到事先控制领料的作用,而且可以减少原始凭证的数量和简化填制凭证的手续。

3. 汇总原始凭证的填制。现以"发料凭证汇总表"为例说明汇总原始凭证的填制方法。

"发料凭证汇总表"是由财会部门根据各部门到仓库领用材料时填制的领料凭证按期汇总形成的原始凭证。

【例6-4】 星光公司10月份编制的"发料凭证汇总表"如表6-13所示。

表 6-13　　　　　　　　　　　发料凭证汇总表

××年10月31日　　　　　　　　　　　　　　　　单位：元

应借科目	应贷科目：原材料					发料合计
	明细科目：主要材料				辅助材料	
	1—10 日	11—20 日	21—30 日	小计		
生产成本	15 000	22 000	20 000	57 000	3 000	60 000
制造费用	800		200	1 000	500	1 500
管理费用	1 200	300	500	2 000	1 500	3 500
合计	17 000	22 300	20 700	60 000	5 000	65 000

审核：钱力　　　　　　　填制：谢同

注意：汇总原始凭证只能将同类内容的经济业务汇总在一起，填列在一张汇总原始凭证上，不能将两类或两类以上的经济业务汇总在一起，填列在一张汇总原始凭证上。

外来原始凭证一般由税务局等部门统一印制，或经税务部门批准由经济单位印制，在填制时加盖出据凭证单位公章方有效；对于一式多联的原始凭证必须用复写纸套写。

四、原始凭证的审核

《会计法》第十四条规定：会计机构、会计人员必须按照国家统一的会计制度的规定对原始凭证进行审核，对不真实、不合法的原始凭证有权不予接受，并向单位负责人报告；对记载不准确、不完整的原始凭证予以退回，并要求按照国家统一的会计制度的规定更正、补充。这条规定为会计人员审核原始凭证提供了法律上的依据，即对原始凭证的审核，主要应从审核原始凭证的真实性、合法性、合理性、完整性、正确性和及时性等方面进行。

（一）审核原始凭证的真实性

即审核原始凭证所记载的经济业务是否与实际业务情况相符合。包括经济业务有关的当事单位和当事人是否真实，经济业务发生的时间、地点和填制凭证的日期是否准确，经济业务的内容及数量方面（包括实物数量、计量单位、单价、金额）是否与实际情况相符等。

（二）审核原始凭证的合法性

即审核原始凭证所反映的经济业务是否符合国家法律法规、方针政策、财务制度和计划、预算的规定。成本费用开支的范围、标准是否按规定执行，有无违反制度规定报销等情况，各项支出是否符合增收节支、增产节约、提高经济效益的原则，有无铺张浪费现象等。

（三）审核原始凭证的完整性

即审核原始凭证填制的内容是否完整，有关手续是否齐全，有无遗漏的项目，文字和数字是否书写清楚，数量、单价、金额在计算上是否正确，大写与小写金额是否相符，凭证格式及填写方法是否规范，单位公章或财务专用章、税务专用章以及有关人员的签字盖章是否具备，须经政府有关部门或领导批准的经济业务，审批手续是否按规定履行等。

另外，原始凭证的合理性、正确性、及时性也是审核的要点。对于手续不完备、数字有差错、处理不及时的原始凭证，应向原经办部门和人员讲清楚，并退还给经办部门或人员补办手续或进行更正。

原始凭证经审核无误后，才能作为登记明细分类账户和编制记账凭证的依据。对于真实、合法、合理但内容不够完整、填写有错误的原始凭证，应退回给有关经办人员，由其负责将有关凭证补充完整、更正错误或重开后，再办理正式会计手续。对于不真实、不合法的原始凭证，会计机构、会计人员有权不予接受，并向单位责任人报告。

提示：在审核中应注意，原始凭证不得随意涂改、刮擦、挖补，如发现填写错误需要更正的，应当由开出单位更正，更正处要加盖开出单位的公章。金额有错误的原始凭证，必须由出具单位重开。

在审核过程中，对于不同情况，要分别予以处理：

1. 对于符合要求的原始凭证，应及时据以编制记账凭证；
2. 对于不真实、不合法的原始凭证，会计人员有权不予受理，并向单位负责人报告；
3. 对于内容不全面、手续不完备、数字不准确或者填写有错误的原始凭证，应当退还给有关业务单位或个人，并令其补办手续或进行更正。

第三节 记账凭证的填制与审核

一、记账凭证的种类

尽管原始凭证记载并反映了交易或事项的具体内容，但由于原始凭证来自不同的单位，种类繁多，格式不一，无法清晰地表明应记入的会计科目的名称和方向，所以它并不能将交易或事项发生后所引起的资产与权益的变化情况直接地、总括地反映到有关的账簿中。因此，实际工作中需要对原始凭证进行分类、归纳，按照复式记账原理和设置账户原则，填制具有统一格式的记账凭证，确定会计分录，将相关的原始凭证附在后面，作为登记账簿的直接依据。这样不仅可以简化记账工作、减少差错，而且有利于原始凭证的保管，便于对账和查账，提高会计工作质量。

（一）记账凭证的基本内容

1. 记账凭证的名称；
2. 填制凭证的日期；
3. 凭证编号；
4. 交易或事项内容摘要；
5. 会计科目、记账方向、记账金额；
6. 所附原始凭证张数；
7. 填制人员、稽核人员、记账人员、会计主管人员的签名或盖章。收款、付款的记账凭证还应由出纳人员签名或盖章。

现以收款凭证为例，说明记账凭证的基本内容，见图6-3。

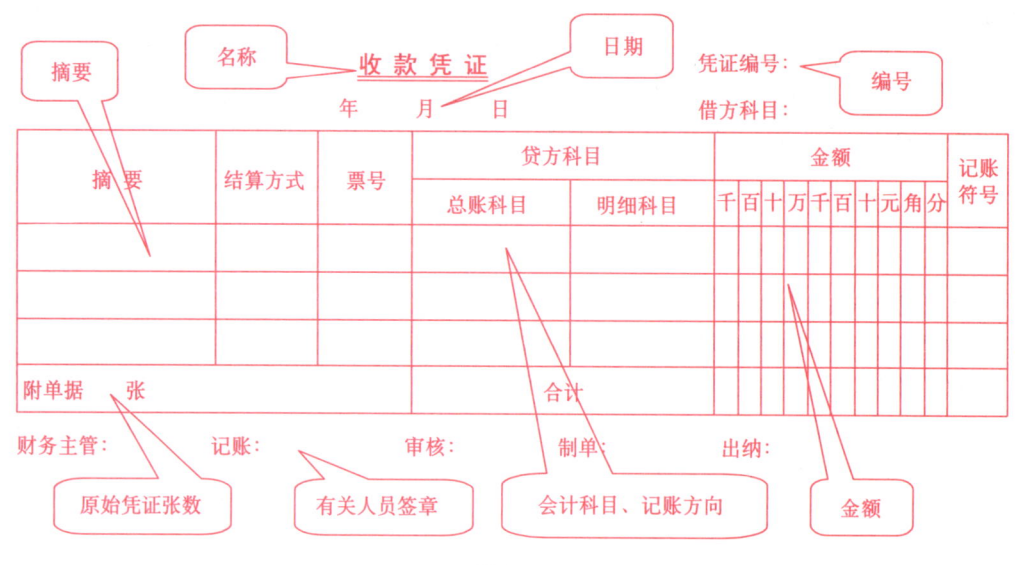

图6-3

提示：尽管记账凭证的内容较多，但其核心内容则是会计分录，即会计科目、记账方向和记账金额。

（二）记账凭证的种类

1. 按记账凭证的用途分为专用记账凭证和通用记账凭证。其中，专用记账凭证按其反映的交易事项内容与货币资金的关系，又分为收款凭证、付款凭证和转账凭证。

（1）收款凭证，是指用于记录现金、银行存款收款业务的会计凭证。收款凭证根据有关库存现金和银行存款收入业务的原始凭证填制，可分为库存现金收款凭证和银行存款收款凭证两种，是登记库存现金和银行存款日记账的依据，也是出纳员收款的证明（格式见图6-3）。

（2）付款凭证，是指用于记录银行存款和现金付款业务的会计凭证。付款凭证根据库存现金和银行存款付款业务的原始凭证填制，可分为库存现金付款凭证和银行存款付款凭证两种，它可以作为登记库存现金和银行存款日记账的依据，也是出纳员付出款项的证明（格式见表6-14）。

表6-14　　　　　　　　　　　付　款　凭　证

凭证编号：
贷方科目：

年　月　日

摘　要	结算方式	票号	借方科目		金　额										记账符号
			总账科目	明细科目	千	百	十	万	千	百	十	元	角	分	
附单据　张			合计												

财务主管：　　　　记账：　　　　出纳：　　　　审核：　　　　制单：

> **想一想**
>
> 仔细观察一下，付款凭证与收款凭证的主要区别在哪里？

（3）转账凭证，是指用于记录不涉及现金和银行存款业务的会计凭证。它是根据有关转账业务的原始凭证填制的，以作为登记有关账簿的依据（格式见表6-15）。

表6-15　　　　　　　　　　　转　账　凭　证　　　　　　　　　出纳编号：

年　月　日　　　　　　　　　　　　　　　凭证编号：

摘要	会计科目		借方金额									贷方金额									记账符号
	总账科目	明细科目	千	百	十	万	千	百	十	元	角	分	千	百	十	万	千	百	十	元	角	分	

附单据　　张　　　　　　合计：

财务主管：　　　　　记账：　　　　　出纳：　　　　　审核：　　　　　制单：

上述收款凭证、付款凭证和转账凭证，统称为**专用记账凭证**。有些经济业务比较简单或收付款业务不多的单位，可以使用一种通用格式的记账凭证。这种记账凭证既可用于反映收付款业务，又可用于反映转账业务，称为通用记账凭证（格式见表6-16）。

表6-16　　　　　　　　　　　通　用　记　账　凭　证

年　月　日　　　　　　　　　　　　　　　凭证编号：

摘要	结算方式	票号	会计科目		借方金额									贷方金额									记账符号
			总账科目	明细科目	千	百	十	万	千	百	十	元	角	分	千	百	十	万	千	百	十	元	角	分	

附单据　　张　　　　　　合　计

财务主管：　　　　　记账：　　　　　出纳：　　　　　审核：　　　　　制单：

2. 记账凭证按填列方式可分为复式记账凭证和单式记账凭证。

（1）复式记账凭证，是指将每一笔经济业务事项所涉及的全部会计科目及其发生额均在同一张记账凭证中反映的一种凭证。换言之，不论一笔经济业务涉及几个会计科目，均可以反映在一张记账凭证上。前面列举的收款凭证、付款凭证和转账凭证，都是复式凭证。复式记账凭证能全面反映某项经济业务的全貌和所涉及的会计科目之间的对应关系，便于检查会计分录的正确性，但不便于分工记账，实际工作中应用最广泛的是复式记账凭证。

（2）单式记账凭证，是指每一张记账凭证只填列经济业务事项所涉及的一个会计科目及其金额的记账凭证。换言之,一笔经济业务涉及几个会计科目,就填制几张凭证。填列借方科目的称为借项凭证,填列贷方科目的称为贷项凭证。单式记账凭证便于记账分工,但不能反映某项经济业务的全貌和所涉及的会计科目之间的对应关系。单式记账凭证如表6-17、表6-18所示。

表6-17　　　　　　　　　借 项 记 账 凭 证

对应科目:　　　　　　　　　　年　月　日　　　　　　　　　　凭证编号:

摘要	一级科目	二级或明细科目	账页	金额 百 十 万 千 百 十 元 角 分	附件 张

财务主管:　　　　记账:　　　　出纳:　　　　审核:　　　　制单:

表6-18　　　　　　　　　贷 项 记 账 凭 证

对应科目:　　　　　　　　　　年　月　日　　　　　　　　　　凭证编号:

摘要	一级科目	二级或明细科目	账页	金额 百 十 万 千 百 十 元 角 分	附件 张

财务主管:　　　　记账:　　　　出纳:　　　　审核:　　　　制单:

无论哪一种记账凭证,都必须根据审核无误的原始凭证来编制,并按原始凭证所反映的经济业务的内容,做出相应的会计分录,填明记账符号、科目名称和金额,以便据以登记有关账簿。

二、记账凭证的填制要求

(一) 基本要求

1. 记账凭证各项内容必须完整。
2. 记账凭证应连续编号。记账凭证的编号要根据不同情况采取不同的方法:

(1) 如果企业采用通用记账凭证,记账凭证的编号可以采取顺序编号法。即每一会计期间,都必须按月编制序号,不得采用按年或按季连续编号方法。

(2) 如果采用收款凭证、付款凭证和转账凭证的形式,则记账凭证应该按照字号编号法。即把不同类型的记账凭证用"字"加以区别,再把同类的记账凭证按照顺序加以连续编号,如"收字第××号""付字第××号""转字第××号"等。

> **小知识**
>
> 对于收款、付款业务特别多的单位,可以将收款、付款分为"现金收款""银行存款收款""现金付款""银行存款付款""转账业务"五类,其编号可分为"现收字第×号""银收字第×号""现付字第×号""银付字第×号"和"转字第×号"。

(3) 如果一笔经济业务需要填制一张以上的记账凭证时,记账凭证的编号可以采取分数编号法编号。例如,一笔不涉及库存现金和银行存款的业务需要填制两张凭证,凭证的连续编号为5,则可编号"转字5$\frac{1}{2}$号""转字5$\frac{2}{2}$号"。前面的整数表示业务顺序,分子分别表示两张凭证中的第一张和第二张。

(4) 月末最后一张记账凭证的编号旁应加注"全"字,以防凭证散失。

3. 记账凭证的书写应清楚、规范。相关要求同原始凭证。

4. 记账凭证可以根据每一张原始凭证填制,或根据若干张同类原始凭证汇总填制,也可以根据原始凭证汇总表填制;但不得将不同内容和类别的原始凭证汇总填制在一张记账凭证上。

5. 除结账和更正错误的记账凭证可以不附原始凭证外,其他记账凭证必须附有原始凭证。

6. 填制记账凭证时若发生错误,应当重新填制:

(1) 已登记入账的记账凭证在当年内发现会计科目填写错误时,可以用红字填写一张与原内容相同的记账凭证,在摘要栏注明"注销某月某日某号凭证"字样,同时再用蓝字重新填制一张正确的记账凭证,注明"订正某月某日某号凭证"字样。

(2) 已登记入账的记账凭证在当年内发现会计科目没有错误,只是金额错误,也可将正确数字与错误数字之间的差额另编一张调整的记账凭证,调增金额用蓝字,调减金额用红字。

(3) 发现以前年度记账凭证有错误的,应当用蓝字填制一张更正的记账凭证。

7. 记账凭证填制完经济业务事项后,如有空行,应当自金额栏最后一笔金额数字下的空行处至合计数上的空行处划线注销。

(二) 收款凭证的填制方法

1. 在收款凭证右上方填列的借方科目,应是"库存现金"或"银行存款"科目;
2. 按填制记账凭证的日期填写年、月、日;
3. 按记账凭证的填制顺序连续编号;
4. 简明扼要地填写经济业务摘要;
5. 在"贷方科目"填写与"库存现金"或"银行存款"相对应的科目;
6. 在金额栏内填列贷方科目的金额;
7. 在合计栏内计算填写总金额;
8. 将金额栏中的空白处划线注销;
9. 填写所附原始凭证张数;
10. 有关人员在记账凭证下相应处签名或盖章。

出纳人员根据收款凭证收款时,要在凭证上加盖"收讫"戳记,以免重收。

【例6-5】 星光公司2月12日,收到"吃不胖"快餐店支付的上月购买商品的货款25 000元,存入银行。应编制的收款凭证如表6-17所示。

表 6-17　　　　　　　　　　收　款　凭　证

凭证编号：收字第 1 号
××年 2 月 12 日　　　　　　　　　　借方科目：银行存款

摘　要	结算方式	票号	贷方科目		金额									记账符号
			总账科目	明细科目	千	百	十	万	千	百	十	元	角	分	
收到账款存银行			应收账款	"吃不胖"快餐店				2	5	0	0	0	0	0	√
附单据 1 张			合计		¥			2	5	0	0	0	0	0	

财务主管：王可　　记账：　　审核：周月　　制单：任同　　出纳：赵玉　　领款人：

想一想

表 6-17 这张收款记账凭证所附的 1 张原始凭证是什么？

（三）付款凭证的填制方法

付款凭证的填制方法与收款凭证基本相同，只是右上角由"借方科目"换为"贷方科目"，凭证中间的"贷方科目"换为"借方科目"。出纳人员根据收款凭证收款时，要在凭证上加盖"付讫"戳记，以免重收。对于涉及"库存现金"和"银行存款"之间的经济业务，一般只填制付款凭证，不填制收款凭证。

【例 6-6】 2 月 14 日，星光公司用库存现金 200 元购买办公用品，应编制付款凭证如表 6-18 所示。

表 6-18　　　　　　　　　　付　款　凭　证

凭证编号：付字第 1 号
××年 2 月 14 日　　　　　　　　　　贷方科目：库存现金

摘　要	结算方式	票号	借方科目		金　额									记账符号
			总账科目	明细科目	千	百	十	万	千	百	十	元	角	分	
购买办公用品	现金		管理费用	办公费							2	0	0	0	√
附单据 1 张			合计		¥						2	0	0	0	

财务主管：王可　　记账：　　审核：周月　　制单：任同　　出纳：赵玉　　领款人：

想一想

● 表 6-18 的付款记账凭证所附的 1 张原始凭证是什么？

【例6-7】 5月2日，星光公司从银行提取现金50 000元。

根据审核无误的原始凭证，填制"银行存款付款凭证"，如表6-19所示。

同样道理，对于将现金存入银行的交易业务，则只填制一张"现金付款凭证"。

对于以上现金、银行存款之间划转业务所填制的付款凭证，应据以同时登记现金日记账和银行存款日记账。

表6-19

付 款 凭 证

××年5月2日

凭证编号：付字第8号
贷方科目：银行存款

摘要	结算方式	票号	借方科目		金额									记账符号
			总账科目	明细科目	千	百	十	万	千	百	十	元	角	分	
从银行提现金			库存现金				5	0	0	0	0	0	0	√
附单据1张			合计		¥		5	0	0	0	0	0	0	

财务主管：王可　　记账：　　审核：周月　　制单：任同　　出纳：赵玉　　领款人：

（四）转账凭证的填制方法

转账凭证将经济业务事项中所涉及全部会计科目按照先借后贷的顺序记入"会计科目"栏中的"一级科目"和"二级及明细科目"，并按应借、应贷方向分别记入"借方金额"或"贷方金额"栏。其他项目的填列与收、付款凭证相同。

【例6-8】 4月22日，星光公司计提本月管理用固定资产的折旧金额960元，应编制转账凭证见表6-20。

表6-20

转 账 凭 证

××年4月22日

凭证编号：转字第1号

摘要	会计科目		借方金额									贷方金额									记账符号
	总账科目	明细科目	千	百	十	万	千	百	十	元	角	分	千	百	十	万	千	百	十	元	角	分	
计提固定资产折旧	管理费用							9	6	0	0	0										
	累计折旧																	9	6	0	0	0	
附单据　张	合计				¥			9	6	0	0	0			¥			9	6	0	0	0	

财务主管：王可　　记账：　　审核：周月　　制单：任同　　出纳：赵玉　　领款人：

> **想一想**
>
> 在同一项交易或事项中，如果既有现金或银行存款的收付业务，又有转账业务时，应如何填制记账凭证？

【例6-9】 4月1日，星光公司采购员王明出差回来，报销差旅费1 500元，出差前已预借2 000元，剩余款项交回现金。对于这项业务我们应进行的会计处理是：

借：管理费用　　　　　　　　　　　　　　　　　　　　　　　1 500
　　库存现金　　　　　　　　　　　　　　　　　　　　　　　　 500
　　贷：其他应收款——王明　　　　　　　　　　　　　　　　　　　　2 000

应根据给借款人开具的退款收据填制现金收款凭证，如表6-21所示，同时根据差旅费报销单填制转账凭证，如表6-22所示。

表6-21　　　　　　　　　　　收　款　凭　证

××年4月1日　　　　　　　　　　凭证编号：现收字第4号
　　　　　　　　　　　　　　　　　借方科目：库存现金

摘要	结算方式	票号	贷方科目		金额									记账符号
			总账科目	明细科目	千	百	十	万	千	百	十	元	角	分	
交回剩余差旅费			其他应收款	王明					5	0	0	0	0		
附单据1张			合计		￥				5	0	0	0	0		

财务主管：王可　　记账：　　审核：周月　　制单：任同　　出纳：赵玉　　交款人：王明

表6-22　　　　　　　　　　　转　账　凭　证

××年4月1日　　　　　　　　　　凭证编号：转字第12号

摘要	会计科目		借方金额								贷方金额								记账符号
	总账科目	明细科目	千	百	十	万	千	百	十	元	角	分	千	百	十	万	千	百	十	元	角	分	
报销差旅费	管理费用	差旅费					1	5	0	0	0	0											
	其他应收款	王明															1	5	0	0	0	0	
附单据1张	合计：		￥				1	5	0	0	0	0	￥				1	5	0	0	0	0	

会计主管：王可　　记账：　　审核：周月　　制单：任同　　出纳：

如果星光公司采用通用记账凭证进行核算，则例6-9的经济业务可以编制如表6-23所示的通用记账凭证。

表6-23　　　　　　　　　　通　用　记　账　凭　证

××年4月1日　　　　　　　　　　凭证编号：第12号

摘要	会计科目		借方金额										贷方金额										记账符号
	总账科目	明细科目	千	百	十	万	千	百	十	元	角	分	千	百	十	万	千	百	十	元	角	分	
王明报销差旅费	库存现金							5	0	0	0	0											
	管理费用	差旅费					1	5	0	0	0	0											
	其他应收款	王明															2	0	0	0	0	0	
附单据2张	合计：					￥	2	0	0	0	0	0				￥	2	0	0	0	0	0	

会计主管：王可　　记账：　　审核：周月　　制单：任同　　出纳：

需要说明的是,在会计实务工作中,经济业务的发生反映在原始凭证中,会计人员要根据取得的原始凭证,运用所学的会计知识,填制记账凭证。

【例6-10】 星光公司取得了如下原始凭证(见表6-24)。

表6-24

券 种 明 细		
券种	张数	金额
壹佰元	150	15 000
伍拾元		
贰拾元		
拾元		
伍元		
贰元		
壹元		
伍角		
贰角		
壹角		
伍分		
贰分		
壹分		
合计	150	15000

中国工商银行　现 金 缴 款 单

缴款日期:××年 2月14日

缴款单位	全称	星光服装有限责任公司	账号	785306872
	开户银行	西安路支行		
	款项来源	营业收入	百十万千百十元角分	
	人民币(大写)	壹万伍仟元整	¥ 1 5 0 0 0 0 0	
	现 金 收 讫		复核员　出纳收款员 复核员　记账员	

第一联:回单

> **想一想**
>
> 对于星光公司而言,表6-24这张原始凭证反映了什么经济业务?如果你是该公司的会计人员,应在记账凭证上如何进行账务处理(见表6-25)?

表6-25　　　　　　　　　通 用 记 账 凭 证

××年2月14日　　　　　　　　　　凭证编号:75

摘要	会计科目		借方金额									贷方金额									记账符号
	总账科目	明细科目	千	百	十	万	千	百	十	元	角	分	千	百	十	万	千	百	十	元	角	分	
现金存入银行	银行存款				1	5	0	0	0	0	0												
	库存现金															1	5	0	0	0	0	0	
附单据1张	合计		¥			1	5	0	0	0	0	0	¥			1	5	0	0	0	0	0	

会计主管:王可　　　记账:　　　审核:周月　　　制单:任同　　　出纳:

三、记账凭证的审核

记账凭证填制以后,必须由会计主管人员或其他指定人员进行严格审核。审核的主要内容如下:

1. 内容是否真实。审核记账凭证是否有原始凭证为依据,所附原始凭证的内容是否与记账凭证内容一致。

2. 项目是否齐全。记账凭证审核人员应检查记账凭证中有关项目填列是否完备,有关人员的签章是否完备。

3. 科目是否正确。审核记账凭证的应借、应贷科目是否正确，是否有明确的账户对应关系，所使用的会计科目是否符合国家统一的会计制度的规定等。

4. 金额是否正确。在记账凭证上列示的金额有总分类科目金额，也有明细分类科目的金额，记账凭证审核人员应根据借贷记账法的基本原理检查填列金额的正确性。

5. 书写是否正确。审核人员在审核记账凭证时应注意记账凭证的记录是否文字工整、数字清晰，是否按规定进行更正等。

在审核过程中若发现记账凭证填制有错误，或者不符合要求，则需要由填制人员重新填制，或按规定的方法进行更正。经过审核无误的记账凭证，便可据以记账。

第四节 会计凭证的传递与保管

一、会计凭证的传递

会计凭证的传递，是指各种会计凭证从填制、取得到归档保管为止的全部过程。

各种会计凭证，它们所记录的交易或事项不尽相同，办理业务手续和所需的时间也不尽相同。为了能够利用会计凭证，及时反映各项交易或事项，提供会计信息，发挥会计监督的作用，必须正确、及时地进行会计凭证的传递，不得积压。正确组织会计凭证的传递，应当为每种会计凭证的传递，规定合理的传递程序和在各个环节停留的时间。

（一）会计凭证传递的作用

从一定意义上说，会计凭证的传递起着在单位内部经营管理各环节之间协调和组织的作用。会计凭证传递程序是企业管理制度重要的组成部分，传递程序的科学与否，在一定程度上能说明该企业管理的程序是否科学。会计凭证的传递不仅有利于及时进行会计记录，而且对于有利于完善企业的经济责任制度，具有十分重要的作用。

（二）制订会计凭证传递程序应当注意的问题

科学的传递程序，应该使会计凭证沿着最迅速、最合理的流向运行。使会计凭证的传递过程中只经过必要的部门和人员，并明确规定凭证在每个部门和业务环节停留的最长时间，并指定专人负责按照规定的顺序和时间监督凭证传递。

1. 规定传递程序。要根据各单位交易或事项的特点，企业内部机构的设置和人员分工的情况，以及经营管理上的需要，恰当地规定各种会计凭证的联数和所流经的必要环节。做到既要使各有关部门和人员能利用凭证了解经济业务情况，并按照规定手续进行处理和审核，又要避免凭证传递通过不必要的环节，影响传递速度。

2. 确定传递时间。要根据有关部门和人员对交易或事项办理必要手续（如计量、检验、审核、登记等）的需要，确定凭证在各个环节停留的时间，保证业务手续的完成。但又要防止不必要的耽搁，从而使会计凭证以最快速度传递，以充分发挥它及时传递经济信息的作用。

3. 建立凭证交接的签收制度。为了确保会计凭证的安全和完整，在各个环节中都应指定专人办理交接手续，做到责任明确，手续完备、严密、简便易行。

（三）会计凭证的传递要求

会计凭证要在有相关部门和人员中进行及时传递，不得积压。在传递过程中，通常原始凭证粘贴在相应的记账凭证后，并将记账凭证按顺序号排列整齐，用夹子把记账凭证夹好，严防在传递的过程中造成会计凭证散失。传递中，每一个财会人员都有责任确保会计凭证的安全与完整。

二、会计凭证的保管

会计凭证的保管，是指会计凭证登账后的整理、装订、归档和存查工作。

会计凭证的保管主要有下列要求：

1. 会计凭证应定期装订成册，防止散失。会计凭证的装订要求是：每月记账完毕，要将本月的记账凭证按类别及编号顺序整理，检查有无缺号、附件是否齐全，然后加上封面和封底，装订成册，装订时要按凭证封面大小折叠整齐。

2. 从外单位取得的原始凭证遗失时，应取得原签发单位盖有公章的证明，并注明原始凭证的号码、金额、内容等，由经办单位会计机构负责人、会计主管人员和单位负责人批准后，才能代作原始凭证。若确实无法取得证明的，如车票丢失，则应由当事人写明详细情况，由经办单位会计机构负责人、会计主管人员和单位负责人批准后，代作原始凭证。

3. 会计凭证封面应注明单位名称、凭证种类、凭证张数、起止号数、年度、月份、会计主管人员、装订人员等有关事项，会计主管人员和保管人员应在封面上签章。

4. 会计凭证应加贴封条，防止抽换凭证。装订人应在装订线封签处签名或盖章。

5. 原始凭证不得外借。其他单位如有特殊原因确实需要使用时，经本单位会计机构负责人、会计主管人员批准，可以复制。向外单位提供的原始凭证复制件，应在专设的登记簿上登记，并由提供人员和收取人员共同签名盖章。

6. 原始凭证较多时，可单独装订，但应在凭证封面注明所属记账凭证的日期、编号和种类，同时在所属的记账凭证上应注明"附件另订"及原始凭证的名称和编号，以便查阅。每年装订成册的会计凭证，在年度终了时可暂由单位会计机构保管一年，期满后应当移交本单位档案机构统一保管；未设立档案机构的，应当在会计机构内部指定专人保管。出纳人员不得兼管会计档案。

7. 严格遵守会计凭证的保管期限要求，期满前不得任意销毁。

知识梳理

◆ 会计凭证包括原始凭证和记账凭证。

- 原始凭证是指在经济业务发生或完成时取得或填制的,用以记录或证明经济业务的发生或完成情况的原始凭据。又称单据。

  原始凭证按其取得的来源不同,可以分为自制原始凭证和外来原始凭证;原始凭证按照格式不同,可以分为通用凭证和专用凭证;原始凭证按填制手续及内容不同划分,可分为一次凭证、累计凭证和汇总凭证。

  会计人员要对原始凭证的真实性、合法性、完整性进行审核,原始凭证不得随意涂改、刮擦、挖补。

- 记账凭证是会计人员根据审核无误的原始凭证,按照经济业务的内容加以归类,并据以确定会计分录后所填制的会计凭证,是登记账簿的直接依据。记账凭证又称记账凭单、传票。

  记账凭证按内容可分为收款凭证、付款凭证和转账凭证;记账凭证按填列方式可分为复式记账凭证和单式记账凭证。

  会计人员应当对记账凭证内容、项目、科目、金额、书写等进行审核。只有经过审核无误的记账凭证,才可以作为登记入账的依据。

第七单元 登记账簿

本单元重点
- ☐ 会计账簿的分类
- ☐ 账簿登记的规则
- ☐ 日记账、明细账的登记方法
- ☐ 错账更正的方法

第一节 登记账簿的含义及分类

一、登记账簿的含义

会计账簿（简称账簿）是指由一定格式的账页组成的，以经过审核的会计凭证为依据，全面、系统、连续、综合地记录和反映各项交易或事项的簿籍。

登记账簿，是编制财务报表的基础，是连接会计凭证和财务报表的中间环节（见图7-1）。

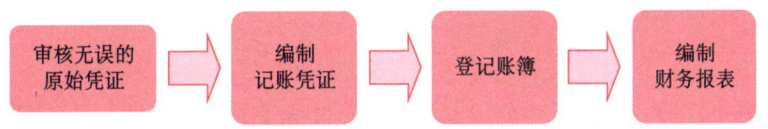

图7-1 会计实务工作流程

登记账簿是会计核算的一种专门方法，是连接会计凭证与会计报表的中间环节，起着重要的承上启下的作用。通过账簿的登记，可以对会计信息进行分类、汇总、记载、储存，并可以检查、校正会计信息的准确性，从而确保提供的会计信息真实完整。

提示：会计账簿与账户的关系：
1. 账户存在于账簿之中，账簿中的每一账页就是账户存在的载体；
2. 账簿所要记载的交易或事项，是在账户中完成的。

二、账簿的分类

（一）按用途分类

账簿按用途，可分为日记账、分类账和备查账。

1. 日记账。日记账也称"序时账簿"，是按交易或事项发生时间的先后顺序逐日逐笔登记的账簿。日记账按记录内容的不同，又分为普通日记账和特种日记账。普通日记账是对全部经济业务按照时间顺序逐日逐笔登记的账簿；特种日记账是对某一特定种类的经济业务按照时间顺序逐日逐笔登记的账簿。例如，现金日记账、银行存款日记账就是特种日记账。日记账的分类见图 7-2。

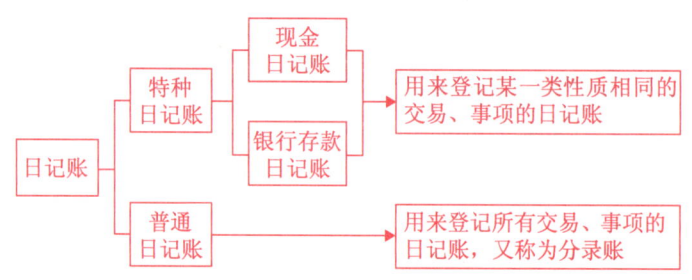

图 7-2 日记账的分类

2. 分类账。分类账是按照会计要素的具体类别而设置的、分类进行登记的账簿。账簿按其反映经济业务的详略程度，又分为总分类账簿和明细分类账簿（见图 7-3）。总分类账簿简称"总账"，明细分类账簿简称"明细账"。

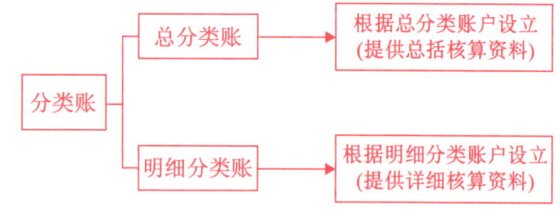

图 7-3 分类账的分类

3. 备查账。备查账又称"辅助账"，是对日记账和分类账等主要账簿中不能记载或记载不全的交易或事项进行补充登记的账簿，如租入固定资产登记簿、应收票据贴现备查簿等。

（二）按外在形式分类

账簿按照外在形式分类，可分为订本账、活页账和卡片账三种。

1. 订本账。是在启用前已按顺序编号，并将账页固定装订成册的账簿。

注意：总分类账簿和现金日记账、银行存款日记账都必须采用订本账。

2. 活页账。是在账簿登记完毕之前并不固定装订在一起，而是将账页装在活页账夹中。当账簿登记完毕（通常指一个会计年度）之后，再将账页予以装订，加具封面，并将各账页连续编号。

提示：各种明细分类账一般采用活页账。

3. 卡片账。卡片账是由若干具有专门格式的卡片账页排列在卡片箱中所组成的账簿。严格地说，卡片账也是一种活页账，只不过它不是装在活页账夹内，而是装在卡片箱内。卡片账一般在实物保管、使用部门运用，如"固定资产卡片"等。

（三）按账页格式分类

账簿按账页格式分类，可分为两栏式、三栏式、多栏式和数量金额式账簿。

1. 两栏式账簿。两栏式账簿是只有借方、贷方两个基本金额栏目的账簿，如普通日记账一般采用两栏式。

2. 三栏式账簿。三栏式账簿是设有借方、贷方和余额三个金额栏目的账簿。各种日记账、总分类账以及资本、债权、债务明细账都可采用三栏式账簿，是目前实际工作中最常用的账簿之一。它适用于只需要进行金额核算的交易或事项。

3. 多栏式账簿。多栏式账簿是指在账簿的两个金额栏目（借方和贷方）按需要分设若干专栏的账簿。多栏式账簿的基本栏目也是借方、贷方和余额三栏，但根据交易或事项的特点和需要，在借方或贷方栏目下分设若干专栏，以详细记载某一交易或事项的变动情况。如收入、费用明细账、本年利润明细账等一般采用这种格式的账簿。

4. 数量金额式账簿。数量金额式账簿是在借方、贷方和余额三个基本栏目内，分设数量、单价和金额三小栏，用以反映财产物资的实物数量和价值量。该种账簿适用于既需要进行金额核算，又需要进行数量核算的交易或事项，如原材料、库存商品等明细账一般都采用数量金额式账簿。

第二节　登记账簿的规则

一、账簿的内容

在实际工作中，账簿的格式是多种多样的，不同格式账簿所包括的具体内容也不尽相同。但各类账簿都应具备以下基本内容：

1. 封面。主要标明账簿的名称，如总分类账、明细分类账、日记账等，一般还应标明记账单位名称。

2. 扉页。主要列明账簿启用时间和经管人员一览表（主要指订本账，活页账和卡片账要在装订成册后填列此一览表）。格式如表7-1所示。

表7-1　　　　　　　　　账簿启用时间和经管人员一览表

单位名称：　　　　账簿名称：　　　　账簿编号：　　　　账簿页数：
启用日期：　　　　截止日期：　　　　记账人员：　　　　会计主管：

移交日期			移交人		接管日期			接管人		会计主管	
年	月	日	姓名	签章	年	月	日	姓名	签章	姓名	签章

[拓展阅读]
常见的账簿启用表

3. 账页。 账页是账簿的主要内容，是用来记录具体交易或事项的载体。其基本内容包括：（1）账户名；（2）日期栏；（3）凭证种类和号数栏；（4）摘要栏；（5）金额栏；（6）总页数和分页数。

二、登记账簿的规则

1. 认真审核会计凭证。 会计人员在登账之前必须对会计凭证的内容进行审核，只有经过审核无误的会计凭证才能作为登记账簿的依据。

2. 各项内容填列齐全。 登账时，要将账页上的日期、摘要、金额等有关资料填写齐全，做到数字准确、摘要清楚、登记及时、字迹工整。

3. 做好登账标识。 每一笔交易、事项在账簿中登记完毕后，要在所依据的记账凭证上签名或盖章，并做出记账标识，表明交易或事项已经记账，防止重复登记。具体做法见表7-2。

表7-2 通用记账凭证
××年1月31日　　凭证编号：转字212号

摘要	会计科目		借方金额									贷方金额									记账符号
	总账科目	明细科目	千	百	十	万	千	百	十	元	角	分	千	百	十	万	千	百	十	元	角	分	
计提折旧	制造费用	折旧费					9	0	0	0	0	0											√
	管理费用	折旧费					5	0	0	0	0	0											√
	累计折旧																1	4	0	0	0	0	0	√
附单据1张	合计		￥				1	4	0	0	0	0	￥				1	4	0	0	0	0	

会计主管：王可　　记账：李志　　审核：周月　　制单：任同　　出纳：

（记账人员签名或盖章）　　（已经登账的标识）

4. 登账用笔要求。 登账必须使用蓝黑或者碳素墨水书写，不得使用铅笔或圆珠笔书写。红色墨水只允许在特殊情况下使用。

提示： 在账簿登记中，红字表示减少数，一般不能随便使用。下列情况下方可使用红字：

1. 根据用红字编制的记账凭证在账页上冲销错账；
2. 在不设借方（或贷方）等栏的多栏式账页中登记减少数；
3. 在三栏式账页的余额栏前，如未印明余额方向的，在余额栏登记负数余额；
4. 根据国家统一会计制度的规定可以用红字登记的其他会计记录。

5. 书写适当留格。 账簿上记录的文字必须清晰，数字必须规范。在书写文字、数字时，不要占满格,要紧靠本行底线,一般占行高的1/2,即上方要适当留有空距,以便于发生错误时,为划线更正留有余地。见表7-3。

表7-3　　　　　　　　　　账簿中数字和文字的正确书写
总分类账

会计科目：短期借款

××年		凭证编号	摘要	借方									贷方									借或贷	余额								
月	日			千	百	十	万	千	百	十	元	角	分	千	百	十	万	千	百	十	元	角	分		千	百	十	万	千	百	十	元	角	分
10	1		期初余额																					贷			3	0	0	0	0	0	0
	12	略	偿还借款			1	0	0	0	0	0	0																					

（书写错误(占满格)）　　　　　　　（书写正确(占1/2格)）

6. 账页连续登记。 登账时必须按照编定的页次连续登记,不得跳行、隔页。若不慎出现跳行、隔页时,要划斜线注销,或者注明"此行空白""此页空白"字样,并由记账人员在空白处签名或盖章。具体处理方法见表7-4、表7-5。

表7-4　　　　　　　　　　发生跳行的处理方法
现金日记账

××年		凭证编号	摘要	借方										√	贷方										√	余额								
月	日			千	百	十	万	千	百	十	元	角	分		千	百	十	万	千	百	十	元	角	分		千	百	十	万	千	百	十	元	角	分
1	1		上年结转																										1	0	0	0	0	0
			李新																																
	1	银付1	从银行提现金				2	0	0	0	0	0																						
			…																																

（用红色斜线注销,记账人员签章）

表7-5　　　　　　　　　　发生隔页的处理方法
现金日记账

年		凭证编号	摘要	借方										√	贷方										√	余额								
月	日			千	百	十	万	千	百	十	元	角	分		千	百	十	万	千	百	十	元	角	分		千	百	十	万	千	百	十	元	角	分
									李新																										

（用红色斜线注销,记账人员签章）

7. 结出余额,标明方向。 凡需结出余额的账户,结出余额后,应在"借或贷"栏内注明"借"或"贷"字样,没有余额的账户,在"借或贷"栏内写"平"字,并在余额栏内的"元"位上用"θ"表示。

注意：现金日记账、银行存款日记账必须逐日结出余额！

8. 账页结转,过次承前。 在每一账页的最后一行,应结出本页发生额合计数及余额,并在摘要栏内注明"过次页"；然后将此发生额合计数及余额填写在次页的第一行，并在摘要栏内注明"承前页"。具体做法见表7-6、表7-7。

表7-6　　　　　　　　　　总　分　类　账

会计科目：原材料

××年 月	日	凭证编号	摘要	借方 千百十万千百十元角分	贷方 千百十万千百十元角分	借或贷	余额 千百十万千百十元角分
10	1		期初余额			借	3 4 6 0 0 0 0
	12	略	购入	3 7 5 0 0 0 0			
	...		...				
	...		...				
	22	略	过次页	2 6 4 8 2 0 0 0	2 3 5 6 4 0 0	借	6 3 7 8 0 0 0

在每张账页的最后一行注明"过次页"

表7-7　　　　　　　　　　总　分　类　账

会计科目：原材料

在新账页的第一行注明"承前页"

××年 月	日	凭证编号	摘要	借方 千百十万千百十元角分	贷方 千百十万千百十元角分	借或贷	余额 千百十万千百十元角分
10	22	略	承前页	2 6 4 8 2 0 0 0	2 3 5 6 4 0 0	借	6 3 7 8 0 0 0
	...		...				
	...		...				

9. 不得涂改、挖补、刮擦。 由于记账而发生的错误，不得随意涂改，更不能挖补、刮擦，要用正确的方法按照规定的手续进行错账更正。

第三节　登记账簿的方法

一、日记账的格式及登记方法

本节我们重点以现金日记账为例，讲述三栏式和多栏式现金日记账的格式及登记方法。

提示：无论采取三栏式或多栏式，特种日记账必须采用订本账！

（一）三栏式现金日记账的格式及登记方法

现金日记账由出纳人员根据现金收付款记账凭证，按时间顺序逐日逐笔进行登记，逐日结出现金余额，并与库存现金实存数核对，以检查账实是否相符，做到日清日结。

1. 格式。三栏式现金日记账设有借方、贷方和余额三个金额栏，也可将其称为收入、支出和结余栏。其格式见表7-8。

表7-8 现金日记账（三栏式）

××年		凭证编号	摘要	借方									√	贷方									借或贷	余额								
月	日			千	百	十	万	千	百	十	元	角	分		千	百	十	万	千	百	十	元	角	分		千	百	十	万	千	百	十	元	角	分
1	1		上年结转																						借					8	5	0	0	0
	1	银付1	从银行提现金					3	5	0	0	0	0																						
	1	现付1	购买办公用品																8	0	0	0	0												
	1	现付2	预借差旅费																3	0	0	0	0	0	借						5	5	0	0	0
	2		…																																
			…																																
	31		本月合计																																

2. 登记方法：

日期：与记账凭证日期一致，记账凭证的日期要与现金实际收付日期一致；

凭证编号：据以入账的凭证种类及编号；

摘要：简要说明交易或事项的内容；

收入（或借方）：根据现金收款凭证中的合计金额填写；

支出（或贷方）：根据现金付款凭证中的合计金额填写；

结余（或余额）：是指现金收、支后及时结出的余额。

【例7-1】 1月1日，星光服装公司上年结转现金余额为850元。1月1日根据发生的业务编制如下记账凭证：

①1月1日，从银行提取现金3 500元，备用。编制银付1号凭证：

借：库存现金　　　　　　　　　　　　　　　　　　　3 500

　　贷：银行存款　　　　　　　　　　　　　　　　　　3 500

②1月1日，以现金购买办公用品800元。编制现付1号凭证：

借：管理费用　　　　　　　　　　　　　　　　　　　800

　　贷：库存现金　　　　　　　　　　　　　　　　　　800

③1月1日，技术员郑晓月出差预借差旅费3 000元。编制现付2号凭证：

借：其他应收款——郑晓月　　　　　　　　　　　　　3 000

　　贷：库存现金　　　　　　　　　　　　　　　　　　3 000

依据编制的记账凭证登记三栏式现金日记账，见表7-8。

（二）多栏式现金日记账的格式及登记方法

1. 格式。多栏式日记账是在三栏式日记账的基础上发展起来的。这种日记账是在借方、贷方两个金额栏内都按对方科目设专栏。这种格式的日记账，在月末结账时可以结出各专栏用途的合计数，便于对收支的合理合法性进行分析审核。但如果借、贷两方对应的科目太多时会造成账页过长，不利于记账，也不利于保管。因此，在实际工作中，一般分设成"现金支出日记账"（其格式见表7-9）和"现金收入日记账"（其格式见表7-10）。

表7-9　　　　　现金支出　日记账

××年		凭证编号		摘要	借方科目				支出合计
月	日	字	号		银行存款	其他应收款	管理费用	…	
1	1	现付	1	买办公用品			800.00		800.00
	1	现付	2	预借差旅费		3000.00			3800.00
	2			…					

注：表中数字根据例7-1资料填列。

每日终了，结记本日支出合计数

表7-10　　　　　现金收入　日记账

××年		凭证编号		摘要	贷方科目			收入合计	借或贷	结余
月	日	字	号		银行存款	主营业务收入	…			
1	1			上年结转					借	8500.00
	1	银付	1	从银行提现	3500.00				借	
				每日支出数				3800.00	借	5500.00
	2			…						

注：表中数字根据例7-1资料填列。

将支出日记账中的"支出合计"数过入，结记本日库存现金余额。

2. 登记方法：首先，根据有关现金收入业务的记账凭证登记现金收入日记账（日期、摘要、凭证编号等栏的登记方法同上，不再赘述）；其次，根据有关现金支出业务的记账凭证登记现金支出日记账；最后，在每日营业终了前，根据现金支出日记账结计的支出合计数，一笔转入现金收入日记账的"支出合计"栏中，并结出当日余额。

需要指出的是，银行存款日记账的格式与现金日记账的格式基本相同，可以采用三栏式或多栏式。但不管采用哪种格式，都应在适当位置增加一栏"结算凭证"，用于记账时标明每笔业务的结算凭证及编号，便于与银行核对账目。其登记方法与现金日记账的登记方法基本相同，在此不再赘述。

二、分类账的格式及登记方法

（一）总分类账的格式及登记方法

总分类账必须采用订本账，最常用的格式为三栏式，即设置借方、贷方和余额三个基本金额栏目。

总分类账的登记方法，一般取决于单位所采用的账务处理程序（账务处理程序我们将在第十单元予以详细介绍）。它既可以根据记账凭证逐笔登记，也可以根据科目汇总表或汇总记账凭证等登记。

（二）明细分类账的格式及登记方法

明细分类账一般采用活页账，其格式有三栏式、多栏式、数量金额式和横线登记式（或称平行式）等多种。

1. 三栏式明细分类账的格式及登记方法。

（1）格式。三栏式明细账与三栏式总账格式相同，即设有借方、贷方和余额三个金额栏目，适用于只进行金额核算的账户。如"应收账款""应付账款"等往来结算明细账户，都采用此格式。

（2）登记方法。三栏式明细账是根据审核无误的记账凭证或原始凭证，按交易或事项的先后顺序逐笔进行登记的。具体如下：

日期、凭证编号、摘要：按照记账凭证进行登记。

借方：根据记账凭证中的借方金额登记。

贷方：根据记账凭证中的贷方金额登记。

余额：计算填列。

【例7-2】 星光公司"应收账款——大商集团"3月1日借方余额为50 000元。3月份发生如下业务，编制记账凭证：

①3月5日，企业销售给大商集团一批产品，价款20 000元，增值税2 600元，产品已经发出，但尚未收到款项。编制转5号记账凭证如下：

借：应收账款——大商集团　　　　　　　　　　　　22 260
　　贷：主营业务收入　　　　　　　　　　　　　　　　20 000
　　　　应交税费——应交增值税（销项税额）　　　　　2 600

②3月11日，企业收回大商集团前欠货款50 000元，存入银行。编制银收18号凭证如下：

借：银行存款　　　　　　　　　　　　　　　　　　50 000

        贷：应收账款——大商集团   50 000

根据上述业务登记"应收账款——大商集团"明细账，见表7–11。

表7–11　　　　　　　　　　应收账款明细账

明细科目：大商集团

××年		凭证编号	摘要	借方 千百十万千百十元角分	贷方 千百十万千百十元角分	借或贷	余额 千百十万千百十元角分
月	日						
3	1		期初余额			借	5 0 0 0 0 0 0
	5	转5	销售产品尚未收到款项	2 2 6 0 0 0 0		借	7 2 6 0 0 0 0
	11	银收18	收回以前欠款存入银行		5 0 0 0 0 0 0	借	2 2 6 0 0 0 0
	...						

2. 多栏式明细账的格式及登记方法。

（1）格式。多栏式明细账是根据需要，将借方或贷方金额栏按照明细项目分设若干个专栏。因此，多栏式明细账又分为借方多栏式、贷方多栏式和借贷方多栏式三种格式。如"生产成本""管理费用""制造费用"等成本、费用账户，多采用借方多栏的格式；收入类账户多采用贷方多栏的格式。

（2）登记方法。下面以借方多栏式明细账为例说明其登账方法。多栏式明细账是根据审核无误的记账凭证或原始凭证逐笔登记的，平时在借方登记费用成本的发生额，月末贷方登记将借方发生额一次转出的数额。

【例7–3】　星光公司3月份发生如下有关管理费用的业务并编制记账凭证：

①3月2日，购买办公用品，支付现金300元。编制现付2号凭证如下：

　　借：管理费用　　　　　　　　　　　　　　　　　　　300
　　　　贷：库存现金　　　　　　　　　　　　　　　　　　　　300

②3月19日，计提管理部门用固定资产的折旧4 800元。编制转22号凭证如下：

　　借：管理费用　　　　　　　　　　　　　　　　　　　4 800
　　　　贷：累计折旧　　　　　　　　　　　　　　　　　　　　4 800

③3月22日，以银行存款支付管理部门电费3 100元。编制银付16号凭证如下：

　　借：管理费用　　　　　　　　　　　　　　　　　　　3 100
　　　　贷：银行存款　　　　　　　　　　　　　　　　　　　　3 100

④3月25日，以银行存款支付管理部门水费900元。编制银付20号凭证如下：

　　借：管理费用　　　　　　　　　　　　　　　　　　　900
　　　　贷：银行存款　　　　　　　　　　　　　　　　　　　　900

⑤3月31日，分配管理部门负担的薪酬12 000元。编制转25号凭证如下：

　　借：管理费用　　　　　　　　　　　　　　　　　　　12 000
　　　　贷：应付职工薪酬　　　　　　　　　　　　　　　　　　12 000

⑥3月31日，结转本月发生的管理费用21 100元至本年利润。编制转35号凭证如下：

　　借：本年利润　　　　　　　　　　　　　　　　　　　21 100
　　　　贷：管理费用　　　　　　　　　　　　　　　　　　　　21 100

根据上述业务登记管理费用明细账，如表7–12所示。3月31日，将所发生的21 100元管理费用一次从贷方转出，结平"管理费用"账户。

表 7-12

管理费用　明细分类账（设贷方栏）

××年		凭证编号	摘要	借方						贷方	余额
月	日			办公费	工资福利费	折旧费	水电费	其他	合计		
3	2	现付2	购办公用品	300000					300000		
	19	转22	计提折旧费			480000			480000		
	22	银付16	支付电费				310000		310000		
	25	银付20	支付水费				90000		90000		
	31	转25	分配工资费		1200000				1200000		
	31	转35	结转费用							2110000	
			本月合计	300000	1200000	480000	400000		2110000	2110000	0

表 7-13

管理费用　明细分类账（不设贷方栏）

××年		凭证编号	摘要	借方						余额
月	日			办公费	工资福利费	折旧费	水电费	其他	合计	
3	2	现付2	购办公用品	300000					300000	
	19	转22	计提折旧费			480000			480000	
	22	银付16	支付电费				310000		310000	
	25	银付20	支付水费				90000		90000	
	31	转25	分配工资费		1200000				1200000	
	31	转35	结转费用					4000000	2110000	
			费用合计	300000	1200000	480000	400000	4000000	2110000	0

（此行结转费用的数字用红字）

在实际工作中,由于成本费用类科目的明细账贷方发生额较少,也可以采用不设贷方栏的格式。采用这种格式的明细账时,需要在借方用红字登记贷方发生额。如表7-13所示,在月末"结转费用"一栏,依次用红字在借方登记结转的费用发生额,结平"管理费用"账户。

3. 数量金额式明细账的格式及登记方法。

(1)格式。该类明细账在其借方(收入)、贷方(发出)和余额(结存)都分别设有数量、单价和金额三个专栏,适用于既要进行金额核算又要进行数量核算的账户,如"原材料""库存商品""周转材料"等存货账户,均采用此格式。见表7-14的原材料明细账。

(2)登记方法。数量金额式明细账是根据审核无误的记账凭证、原始凭证、汇总原始凭证等,按交易或事项发生的时间顺序逐笔进行登记。具体方法如下:

日期、凭证编号、摘要:登记方法同前面所述。

收入栏——数量:根据入库数量填列。

——单价:根据计算的单位成本填列。

——金额:根据"数量×单价"计算填列。

发出栏——数量:根据出库数量填列。

——单价:根据不同的方法计算填列,可采用先进先出法、加权平均法等方法。

——金额:根据"数量×单价"计算填列。

结存栏——数量、单价、金额:计算填列。

【例7-4】星光公司3月1日"原材料——亚麻纱线"结存数量1.5吨,单价16 000元,金额为24 000元。3月份发生如下有关"原材料——亚麻纱线"的业务:

①3月10日,购入亚麻纱线2吨,单价16 000元,增值税4 160元,材料已入库,款项已付。编制银付4号凭证如下:

借:原材料——亚麻纱线　　　　　　　　　　　　　　　　32 000
　　应交税费——应交增值税(进项税额)　　　　　　　　　4 160
　　贷:银行存款　　　　　　　　　　　　　　　　　　　36 160

②3月31日,生产领用亚麻纱线3吨,单价16 000元。编制转38号凭证如下:

借:生产成本　　　　　　　　　　　　　　　　　　　　48 000
　　贷:原材料——亚麻纱线　　　　　　　　　　　　　　48 000

根据上述业务登记原材料明细账,见表7-14。

表7-14　　　　　原材料　明细分类账

名称:亚麻纱线　　编号:002　　规格:24N　　计量单位:吨　　金额:元

××年		凭证编号	摘要	收入			发出			结存		
月	日			数量	单价	金额	数量	单价	金额	数量	单价	金额
3	1		期初余额							1.5	16 000	24 000
	10	银付4	购入	2	16 000	32 000						
	31	转38	生产领料				3	16 000	48 000			
			本月合计	2		32 000	3	16 000	48 000	0.5	16 000	8 000

4. 横线登记式明细账的格式及登记方法。

（1）格式。横线登记式明细账，又称平行式明细账，其基本结构是在同一张账页的同一行，记录某一项交易或事项的全过程。这种明细账一般适用于需要逐笔进行结算的交易或事项，可以依据每一行的栏目是否登记齐全来判断交易或事项的进展情况。如对"其他应收款——备用金"明细账的核算、对在途物资的明细核算就可以采用这种明细账。

[拓展阅读]
实务中的在途物资明细账

（2）登记方法。下面以"其他应收款——备用金"明细账为例，说明横线登记式明细账的登记方法。

【例7-5】 星光公司3月1日"其他应收款——备用金"无余额。3月份发生如下经济业务：

①3月5日，职工李玉预借2 000元差旅费。编制现付2号凭证如下：
  借：其他应收款——李玉   2 000
    贷：库存现金   2 000

②3月20日，王志预借1 000元差旅费。编制现付22号凭证如下：
  借：其他应收款——王志   1 000
    贷：库存现金   1 000

③3月25日，李玉报销差旅费2 250元。编制现收20号、转17号凭证如下：
  借：管理费用   2 250
    贷：库存现金   250
      其他应收款——李玉   2 000

根据编制的记账凭证，登记"其他应收款——备用金"的明细账见表7-15。

表7-15　　　　　　　　其他应收款——备用金　明细分类账

××年		凭证编号	摘要	户名	借方																			
月	日				原借							补付							合计						
					万	千	百	十	元	角	分	万	千	百	十	元	角	分	万	千	百	十	元	角	分
3	5	现付2	预借	李玉			2	0	0	0	0				2	5	0	0			2	2	5	0	0
	20	现付22	预借	王志			1	0	0	0	0														

××年		凭证编号	贷方																			余额			
月	日		报销金额							收回金额							合计									
			万	千	百	十	元	角	分	万	千	百	十	元	角	分	万	千	百	十	元	角	分		
3	25	现收20 转17			2	2	5	0	0										2	2	5	0	0	0	

从明细账中可以清楚地看到，李玉预借差旅费及报销这一交易事项已全部完成，王志预借了差旅费，但尚未报销。

三、备查账的格式及登记方法

备查账又称"辅助账"，是对日记账和分类账等主要账簿中不能记载或记载不全的交易或事项进行补充登记的账簿。它为企业的经营管理者提供必要的参考资料。备查账一般没有固定的格式，由各单位根据管理需要设计相应的项目和内容。如表7-16即为星光公司临时租入固定资产备查簿。

表7-16　　　　　　　　　临时租入固定资产备查簿

出租单位	名称及规格	编号	租用时间	租金	使用部门	归还日期
天宇实业公司	XRⅢ型印染设备	0107	6个月	3 600.00	一车间	××年5月1日
备注	租金已一次付清					

提示： 与登记序时账簿和分类账簿相比，登记备查账簿时，不需要编制记账凭证，且备查账簿的主要栏目不是记录金额，而是更注重文字表述。

第四节　对账和结账

一、对账

对账，即核对账目，是指为了保证账簿所提供的会计资料正确、真实、可靠，按照一定的方法和手续对账簿记录进行核对、检查的工作。对账主要包括三方面的内容：账证核对、账账核对和账实核对。

（一）账证核对

账证核对是对账工作的第一步。它是将账簿的各项记录与有关的原始凭证和记账凭证进行核对，核对内容：时间、凭证字号、内容、金额是否一致，记账方向是否相符。

（二）账账核对

账账核对就是核对存在对应关系的有关账簿之间所作的记录是否相符。一般来说，账账核对包括以下几个方面：

1. 总账与总账核对：

核对内容：
总账全部账户借方发生额的合计数=贷方发生额的合计数
总账全部账户借方余额的合计数=贷方余额的合计数

2. 总账与所属明细账核对：

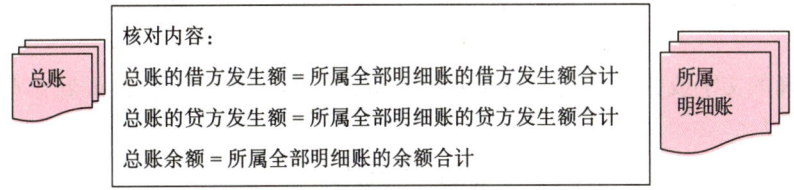

3. 银行存款、库存现金的总账与日记账核对：

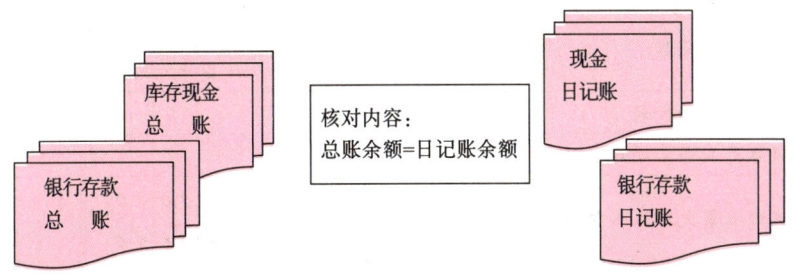

4. 财会部门财产物资账与实物保管部门账核对：

（三）账实核对

账实核对是指各项财产物资、债权债务等账面余额与实有数额之间的核对。其具体包括：
1. 现金日记账账面余额与库存现金实有数额是否相符；
2. 银行存款日记账账面余额与银行对账单余额是否相符；
3. 各项财产物资明细账账面余额与财产物资实有数是否相符；
4. 有关债权债务明细账账面余额与对方单位的账面记录是否相符。

二、错账更正

在对账过程中，有可能会发现各种各样的错误，如记账凭证汇总表不平、各明细账户的余额之和不等于总账有关账户的余额、银行存款账户调整后的余额与银行对账单不符等。发生这些差错的原因很多，诸如重记、漏记、数字颠倒、数字错位、数字记错、科目记错、借贷方向记反、计算错误等。

会计人员发现账簿记录发生错误时，不准涂改、挖补、刮擦或者用药水消除字迹，不准重新抄写，必须按照规定的方法进行更正。更正错账的方法有三种，即划线更正法、红字更正法和补充登记法。

（一）划线更正法

在结账前，发现记账凭证正确而账簿记录中文字或数字有错误时，应采用划线更正法。

具体做法是:

1. 在错误的文字或数字（整个数字）上划一条红线注销，并使原来的字迹仍可辨认，以备查考。

2. 将正确的文字或数字用蓝字写在划线上端，并由记账人员在更正处盖章，以明确责任，见表7-17。

表7-17　　　　　　　　　划线更正法的正确做法
应收账款明细账

明细科目：星光公司

××年		凭证编号	摘要	借方 千百十万千百十元角分	贷方 千百十万千百十元角分	借或贷	余额 千百十万千百十元角分
月	日						
9	1		期初余额			借	5 0 0 0 0 0 0
	12	转5	销售产品尚未收到款项	2 5 0 0 0 0 0		借	7 5 0 0 0 0 0
	15	银收18	收回以前欠款存入银行		5 0 0 0 0 0 0 ~~5 0 0 0 0 0~~	借	2 5 0 0 0 0 0 ~~7 0 0 0 0 0 0~~
			…				

划去错误数字应当用红线

提示：对错误的数字一定要用红线全部划去，不能只划个别数字。对于文字错误，可只划去错误的部分。

（二）红字更正法

记账以后，如果发现记账凭证中会计科目错误、记账方向错误或金额写多的错误时，可以用红字更正法进行更正。红字更正法一般在下述两种情况下使用：

1. 记账以后，如果发现记账凭证中的应借、应贷会计科目错误或记账方向错误时，采用红字更正法更正。

【例7-6】　4月1日，星光公司生产产品领用原材料一批，价值为7 500元。填制记账凭证时，误写应借科目计为"制造费用"，并已登记入账，见表7-18。

表7-18　　　　　　　　　转　账　凭　证
××年4月1日　　　　　　　　　　　　凭证编号：转字第6号

摘要	会计科目		借方金额	贷方金额	记账符号
	总账科目	明细科目	千百十万千百十元角分	千百十万千百十元角分	
生产领料	制造费用		7 5 0 0 0 0		√
	原材料			7 5 0 0 0 0	√
附单据1张	合计		￥ 7 5 0 0 0 0	￥ 7 5 0 0 0 0	

会计主管：王可　　记账：李志　　审核：周月　　制单：任同　　出纳：

更正方法：发现这种错误时，应先用红字填制一张与表 7-18 相同的凭证，用以冲销原错误分录（见表 7-19），同时，再用蓝字填制一张正确记账凭证，见表 7-20。

表 7-19

转 账 凭 证

××年 4 月 29 日　　　　　　　　　　凭证编号：转字第 56 号

摘要	会计科目		借方金额									贷方金额									记账符号
	总账科目	明细科目	千	百	十	万	千	百	十	元	角	分	千	百	十	万	千	百	十	元	角	分	
冲销转6号错账	制造费用					7	5	0	0	0	0												√
	原材料															7	5	0	0	0	0		√
附单据 1 张	合计		¥			7	5	0	0	0	0		¥			7	5	0	0	0	0		

会计主管：王可　　记账：李志　　审核：周月　　制单：任同　　出纳：

表 7-20

转 账 凭 证

××年 4 月 29 日　　　　　　　　　　凭证编号：转字第 57 号

摘要	会计科目		借方金额									贷方金额									记账符号
	总账科目	明细科目	千	百	十	万	千	百	十	元	角	分	千	百	十	万	千	百	十	元	角	分	
重做转6号凭证	生产成本					7	5	0	0	0	0												√
	原材料															7	5	0	0	0	0		√
附单据　张	合计		¥			7	5	0	0	0	0		¥			7	5	0	0	0	0		

会计主管：王可　　记账：李志　　审核：周月　　制单：任同　　出纳：

依据上述更正错误的记账凭证登记有关账户后，则有关账户中的错误亦得到更正。以制造费用明细账为例，我们了解一下红字更正法更正错账的过程，见表 7-21。

表 7-21　　　　　　　　制造费用　明细分类账

××年		凭证编号	摘要	折旧费								材料费								...	合计								余额							
月	日			百	十	万	千	百	十	元	角	分	百	十	万	千	百	十	元	角	分		百	十	万	千	百	十	元	角	分	百	十	万	千	百	十	元	角	分
...	...	...	...																																					
4	4	转6	生产领料													7	5	0	0	0	0																			
...																																								
	29	转56	冲4日转6号错账													7	5	0	0	0	0																			

注意更正错账时"摘要栏"的填写！　　　　　　　冲销错账的金额为红字

2. 记账以后，如果原记账凭证中会计科目并无错误，但发现所记金额大于应记金额时，采用红字更正法，即按照正确数字与错误数字之间的差额用红字金额填制一张记账凭证，据以登记入账，加以冲销。

【例 7－7】 5 月 3 日，58 000 元在途物资验收入库。填制记账凭证时，将金额误记为 85 000 元，且已登记入账，见表 7－22。

表 7－22

转 账 凭 证

××年 5 月 3 日　　　　凭证编号：转字第 10 号

摘 要	会计科目		借方金额										贷方金额										记账符号
	总账科目	明细科目	千	百	十	万	千	百	十	元	角	分	千	百	十	万	千	百	十	元	角	分	
材料验收	原材料					8	5	0	0	0	0	0											√
	在途物资															8	5	0	0	0	0	0	√
附单据 1 张		合计			¥	8	5	0	0	0	0	0			¥	8	5	0	0	0	0	0	

会计主管：王可　　记账：李志　　审核：周月　　制单：任同　　出纳：

更正方法：为了更正有关账户中多记 27 000 元的错误，应用红字编制一张记账凭证，见表 7－23。

表 7－23

转 账 凭 证

××年 5 月 29 日　　　　凭证编号：转字第 50 号

摘 要	会计科目		借方金额										贷方金额										记账符号
	总账科目	明细科目	千	百	十	万	千	百	十	元	角	分	千	百	十	万	千	百	十	元	角	分	
冲销转 10 错账	原材料					2	7	0	0	0	0	0											√
多计金额	在途物资															2	7	0	0	0	0	0	√
附单据　张		合计			¥	2	7	0	0	0	0	0			¥	2	7	0	0	0	0	0	

会计主管：王可　　记账：李志　　审核：周月　　制单：任同　　出纳：

编制好更正的记账凭证后，再依据上述更正错误的记账凭证登记有关账户，在此不再赘述。

如果记账凭证所记录的文字与账簿记录的文字也不相符，则先采用划线更正法更正文字，然后再采用红字更正法冲销多记的金额。

注意：采用红字更正法时，不得以蓝字或黑字金额填制与原错误凭证记账方向相反的记账凭证去冲销错误记录或错误金额。

（三）补充登记法

记账以后，如果发现记账凭证中应借、应贷科目虽无错误，但所填金额小于应填金额时，应按照正确数字与错误数字之间的差额用蓝字填一张记账凭证，以此补充登记入账。

【例7-8】 3月5日，收回正大公司前欠货款28 000元，存入银行。编制记账凭证时，错记成2 800元，且已登记入账，见表7-24。

表7-24　　　　　　　　　　收　款　凭　证　　　　　　　凭证编号：银收字4号
　　　　　　　　　　　　　　××年3月5日　　　　　　　　借方科目：银行存款

摘　　要	结算方式	票　号	贷方科目		金　额									记账符号
			总账科目	明细科目	千	百	十	万	千	百	十	元	角	分
收回欠款，存入银行			应收账款	正大公司					2	8	0	0	0	0	√
附单据1张			合　计		¥				2	8	0	0	0	0	

财务主管：王可　　记账：李志　　审核：周月　　制单：任同　　出纳：赵玉　　交款人：周由

更正方法：3月15日发现这一错误，为了更正有关账户中少记的25 200元（28 000 - 2 800）的错误，应用蓝字填制一张记账凭证，见表7-25。

表7-25　　　　　　　　　　收　款　凭　证　　　　　　　凭证编号：银收字22号
　　　　　　　　　　　　　　××年3月15日　　　　　　　借方科目：银行存款

摘　　要	结算方式	票　号	贷方科目		金　额									记账符号
			总账科目	明细科目	千	百	十	万	千	百	十	元	角	分
补充银收4号			应收账款	正大公司					2	5	2	0	0	0	√
少记金额														
附单据　张			合　计		¥				2	5	2	0	0	0	

财务主管：王可　　记账：李志　　审核：周月　　制单：任同　　出纳：赵玉　　交款人：周由

编制好补充登记的记账凭证后，再依据上述记账凭证登记有关账户。

三、结账

结账，是指在一定时期内所发生的全部交易或事项已登记入账的基础上，将各类账簿记录完毕，结出各种账簿本期发生额合计和期末余额的一项会计核算工作。

（一）结账的程序

1. 在结账前，应将当期所发生的交易或事项全部登记入账，检查是否有重复记录、遗漏记录的交易或事项，是否有记录错误，以便在结账前及时更正。

2. 在结账前，应按照权责发生制原则及时调整需进行期末调整的账项，编制有关会计分录，并据以登记入账。

3. 将损益类账户转入"本年利润"账户。

4. 结出资产、负债和所有者权益类账户的本期发生额和余额,结转下期。

(二) 结账方法

结账可分为月度结账(月结)、季度结账(季结)、年度结账(年结)。

1. 月结的方法。对于现金日记账、银行存款日记账和需要按月结计发生额的收入、费用等明细账,每月结账时,要在最后一笔经济业务的记载下面划一条通栏红线,在红线下面的一行"摘要"栏内注明"本月合计"或"本期发生额及期末余额",在"借方""贷方""余额"三栏分别计算出本月借方发生额合计、贷方发生额合计和结余数,然后在此行下面再划一条通栏红线,表明本期结算完毕。见表7-26。

表7-26　　　　　　　　现 金 日 记 账

××年		凭证编号	摘要	借方	√	贷方	借或贷	余额
月	日			千百十万千百十元角分		千百十万千百十元角分		千百十万千百十元角分
1	1		上年结转				借	1 0 0 0 0 0
		银付1	从银行提现金	2 0 0 0 0 0				
		现付1	购买办公用品			8 0 0 0 0		
		现付2	王力预借差旅费			1 5 0 0 0 0	借	7 0 0 0 0
	2		…					
	31		本月合计	1 8 6 0 0 0 0		1 7 0 0 0 0 0	借	2 6 0 0 0 0

"本月合计"栏上下划通栏红线,进行月结。

2. 季结的方法。与月结相比,只需在每季度末的月结后,在"摘要"栏注明"本季度累计"或"本季度发生额及余额",在"借方""贷方""余额"三栏分别计算出本季度的借方、贷方发生额合计数及季末余额,然后在此行下面划一条红线,表示季度结账完毕。见表7-27。

表7-27　　　　　　　　现 金 日 记 账

××年		凭证编号	摘要	借方	√	贷方	借或贷	余额
月	日			千百十万千百十元角分		千百十万千百十元角分		千百十万千百十元角分
1	1		上年结转				借	1 0 0 0 0 0
		银付1	从银行提现金	2 0 0 0 0 0				
		现付1	购买办公用品			8 0 0 0 0		
		现付2	王力预借差旅费			1 5 0 0 0 0	借	7 0 0 0 0
…	…		…					
3	31		本月合计	6 9 6 2 0 0		6 8 0 2 0 0	借	2 6 0 0 0 0
			本季度累计	9 8 6 5 0 0		9 7 0 5 0 0	借	2 6 0 0 0 0

"本月合计"和"本季度累计"栏上下划通栏红线,进行季结。

3. 年结的方法。 年度终了结账时，要在"摘要"栏注明"本年累计"，在"借方""贷方""余额"三栏，分别填入本年度借方发生额合计、贷方发生额合计和年末余额，然后在此行下面划通栏双红线，表示全年经济业务的登账工作至此全部结束，再将有余额的账户余额结转下年。见表7-28、表7-29。

表7-28　　　　　　　　　　　　总　分　类　账

会计科目：原材料

20×1年		凭证编号	摘要	借方（千百十万千百十元角分）	√	贷方（千百十万千百十元角分）	√	余额（千百十万千百十元角分）
月	日							
			期初余额					8 0 0 0 0 0
		…	…					
12	31		本月合计	5 8 4 7 0 0 0		5 4 4 7 0 0 0	借	1 2 0 0 0 0 0
			本季度累计	1 5 2 7 0 6 0 0		1 4 8 7 0 6 0 0	借	1 2 0 0 0 0 0
			本年累计	6 7 8 0 2 0 0 0		6 7 4 0 2 0 0 0	借	1 2 0 0 0 0 0
			结转下年				借	1 2 0 0 0 0 0

"本年累计"栏下划通栏双红线，进行年结。

表7-29　　　　　　　　　　　　总　分　类　账

会计科目：原材料

20×2年		凭证编号	摘要	借方（千百十万千百十元角分）	√	贷方（千百十万千百十元角分）	√	余额（千百十万千百十元角分）
月	日							
1	1		上年结转				借	1 2 0 0 0 0 0
		…	…					

将上年的结余数转入新的一年。

注意： 年终结账时，不必将有余额的账户记入本年账户的借方或贷方，使本年有余额的账户余额变为零，而是将有余额的账户的余额直接记入新账"余额"栏内，不需要编制记账凭证。

知识梳理

◆ 会计账簿是指由一定格式的账页组成的，以经过审核的会计凭证为依据，全面、系统、连续地记录各项经济业务的簿籍。登记账簿，是编制财务报表的基础，是连接会计凭证和财务报表的中间环节。

账簿按用途，可分为日记账、分类账和备查账。

账簿按其外型特征，可以分为订本账、活页账和卡片账三种。

账簿按账页格式，可分为两栏式、三栏式、多栏式和数量金额式账簿。

◆ 登记账簿的规则：认真审核会计凭证；各项内容填列齐全；做好登账标识；符合登账用笔要求；书写适当留空；账页连续登记；结出余额，标明方向；账页结转，过次承前；不得涂改、挖补、刮擦。

◆ 对账包括账证核对、账账核对和账实核对三方面的内容；更正错账的方法有三种：划线更正法、红字更正法和补充登记法。

第八单元
财产清查

本单元重点
- 实物、货币资金的清查方法
- 财产清查差异的处理方法

第一节　财产清查的含义及种类

一、财产清查的含义

财产清查是指通过对货币资金、实务资产和往来款项等财产物资进行盘点或核对，确定其实存数，查明账存数与实存数是否相符的一种专门方法。

企业、行政事业单位通过填制、审核会计凭证，登记有关账簿，记录和反映资产、权益的增减变化和结果，因此账簿记录与财产物资的实际结存应保持一致。但是在实际工作中，由于各种主客观原因，可能会使各项财产的账面数与实存数产生差异，即账实不符。造成账实不符的原因一般有以下几个方面：

1. 在收发财产物资时，由于计量、检验不准确而发生品种、数量、质量上的差错；
2. 在财产收发过程中没有填制凭证就登记入账；
3. 在凭证和账簿的记录中，出现漏记、错记或计算上的错误；
4. 在财产的保管过程中发生了自然损耗；
5. 由于管理不善或工作人员失职而发生的财产损坏、变质或短缺；
6. 由于贪污、盗窃、舞弊等造成的财产损失；
7. 发生自然灾害和意外损失；
8. 结算过程中账单未到达或拒付等原因造成企业与其他企业的结算往来账款上的不符。

因此，为了正确掌握各项财产的真实情况，保证会计资料的准确可靠，必须在账簿记录的基础上，运用财产清查这一专门方法，对各项财产进行定期或不定期的盘点和核对，使账簿所反映的各项财产的结存数与其实存数相一致，也就是做到账实相符。

二、财产清查的种类

财产清查可以按照范围和时间等标志进行分类。

1. 按清查的范围划分，可分为全面清查和局部清查两种，见表 8-1。

表 8-1　　　　　　　　　　　　全面清查与局部清查比较表

项目 \ 种类	全面清查	局部清查
含　　义	对本单位的全部财产进行全面盘点和核对	根据管理的需要或依据有关规定，对部分财产物资进行盘点和核对
特　　点	内容多、范围广，需要投入的人力、物力多，花费的时间长	内容少、范围小、参与人少、时间短、专业性强
清查范围	(1) 年终结算之前； (2) 单位撤销、合并或改变隶属关系时； (3) 开展全面资产评估、清产核资等活动时； (4) 清查的对象一般包括固定资产、材料、在产品、产成品、现金、银行存款、往来款项、在建工程、各种代管物资和外购商品等	(1) 对于流动性较大的物资，如存货等，年内要轮流盘点或重点抽查 (2) 对于各种贵重物资，每月应清查盘点一次 (3) 对于库存现金，每日终了，应由出纳清点 (4) 对于银行存款和银行借款，每月要同银行核对一次 (5) 对于债权、债务，每年至少要核对一至两次

2. 按清查的时间划分，可分为定期清查和不定期清查两种。

（1）定期清查。**定期清查就是按预先计划安排的时间对财产物资进行的清查**。定期清查一般在年度、季度、月份、每日结账时进行。定期清查可以是全面清查，也可以是局部清查。

（2）不定期清查。**不定期清查就是事先无计划安排，而是根据实际需要所进行的临时性清查**。不定期清查一般在以下几种情况下进行：①更换财产和库存现金保管人员时，为了明确经济责任，要对有关人员所保管的财产物资和库存现金进行清查；②发生自然灾害和意外损失时，为了查明损失情况，要对受灾损失的有关财产物资进行清查；③上级主管部门、财政、税务、银行等有关部门对本单位进行会计检查时，应按检查的要求和范围进行清查，以验证会计资料的正确性；④会计主体发生改变或隶属关系发生变动时，为了摸清家底，要对本单位的各项财产物资、货币资金、债权、债务进行清查。

不定期清查可以是全面清查，也可以是局部清查。

3. 按照清查的执行系统划分，可分为内部清查和外部清查。

（1）内部清查：是指由本单位内部自行组织清查工作小组所进行的财产清查工作。大多数财产清查都是内部清查。

（2）外部清查：是指由上级主管部门、审计机关、司法部门、注册会计师根据国家有关规定或情况需要对本单位所进行的财产清查。一般来讲，进行外部清查时应有本单位相关人员参加。

第二节 财产清查的方法

一、财产物资的盘存制度

(一) 实地盘存制

实地盘存制,又称实地盘存法,是指平时在账簿中只登记财产物资的增加数,不登记减少数,到月末结账时,根据实地盘点的实存数来倒挤本月的减少数,并据以登记有关账簿。其计算公式为:

【财产物资盘存制度】
又称财产物资盘存法。按照确定财产物资账面结存数的依据不同,分为实地盘存制和永续盘存制。

本期减少数 = 账面期初余额 + 本期增加数 − 期末实际结存数

采用实地盘存制,核算工作比较简单,但手续不太严密。由于平时在账面上无法随时反映财产物资的增加、减少和结存情况,将可能存在的损耗、差错、短缺等全部挤入成本中,不利于财产物资的管理,所以采用这种方法既难控制损失、浪费,也难防止丢失,一般不宜采用。

小测试

如果采用实地盘存制核算财产物资,期末实地盘点的数据就成为明细账中登记减少数额的唯一依据,对吗?

(二) 永续盘存制

永续盘存制,又称永续盘存法或账面盘存法,是指平时对各项财产物资的增加数和减少数,都要根据会计凭证连续记入有关账簿,并随时结出账面结存数额。其计算公式为:

账面期末余额 = 账面期初余额 + 本期增加数 − 本期减少数

采用永续盘存制,可随时反映财产物资的收入、发出和结余情况,从数量和金额上进行双重控制,加强了对财产物资的管理,在实际工作中广泛应用这种方法。永续盘存制的缺点是,在财产物资品种复杂、繁多的企业,其明细分类核算工作量较大。

想一想

实行永续盘存制的企业到年底还要进行财产盘点吗?

二、财产清查的方法

（一）实物的清查方法

由于财产清查对象不同，清查的方法也不一样，各种实物都必须从数量上和质量上进行清查。对于实物的数量清查，因其实物形态、体积、重量、堆放方式不同，一般采用实地盘点法和技术推算法。

1. 实地盘点法。实地盘点法是指通过对财产物资堆放现场的实物进行逐一清点数量或用计量器具来确定各项财产物资实存数量的一种方法。这种方法适用范围广，要求严格，数字准确可靠，清查质量高，但工作量大。

2. 技术推算法。技术推算法是指通过利用一定的技术方法对财产物资的实存数进行推算的一种方法。这种方法适用于数量大、不便于逐一点数或用计算器具计量，价值又较低的材料物资，如露天堆放的沙石、煤炭等。这种方法盘点数字不够准确，但工作量较小。

为了明确经济责任，在进行财产物资的盘点时，实物保管人员必须在场并参加盘点工作，但保管人员不宜单独承担财产清查的工作。对各项财产物资盘点的结果，应如实登记在"盘点单"上，并由参加盘点的人员和实物保管人员签章。"盘点单"是记录各项财产物资盘点的书面证明，也是反映财产物资实有数的原始凭证之一，其一般格式如表 8-2 所示。

表 8-2　　　　　　　　　　　　盘　点　单
单位名称：　　　　　　　　盘点时间：　　　　　　　　编号：
财产类别：　　　　　　　　　　　　　　　存放地点：

序号	名称	规格型号	计量单位	实存数量	单价	金额	备注

盘点人签章：　　　　　　　　　　　　　　　　　保管人员签章：

在盘点出各种实物的实存数以后，为了进一步查明实存数与账存数是否相符，确定盘盈或盘亏情况，应根据盘点单和账簿记录编制"实存账存对比表"，以确定差异。"实存账存对比表"是分析发生差异的原因和明确经济责任的依据，又是调整账簿记录的原始凭证。为了简化工作，"实存账存对比表"通常只填列账实不符的财产物资，对于账实完全相符的财产物资不予列入。该表一般格式如表 8-3 所示。

表 8-3　　　　　　　　　　实存账存对比表
单位名称：　　　　　　　　　　年　月　日

编号	名称类别	计量单位	单价	实存		账存		对比结果				备注
				数量	金额	数量	金额	盘盈		盘亏		
								数量	金额	数量	金额	

盘点人签章：　　　　　　　　　　　　　　　　会计签章：

对于委托外单位加工、保管的材料、物资以及在途材料、物资等，可以用询证法与有关单位进行核对，以确定账实是否相符。

（二）货币资金的清查方法

1. 库存现金的清查。

（1）库存现金的清查方法：实地盘点。首先盘点库存现金的实有数，然后再与库存现金日记账的余额进行核对，确定账存数与实存数是否相等。

（2）库存现金清查的两种情况：一是由出纳人员进行的经常性的库存现金清查。出纳在每日工作结束之前清点库存现金实有数，并与库存现金日记账当日账面结存数额进行核对，以此检查当日工作准确与否，确保每日账实相符。但这种方法不够严密，容易出现漏洞。二是由清查小组对库存现金进行定期或不定期的清查。清查时，由出纳人员经手盘点库存现金，清查人员从旁监督。同时，清查人员还应认真审核现金收付凭证和有关账簿，注意有无违反库存现金管理规定，以白条抵账、收据抵充库存现金及库存现金超过规定限额等现象，检查账务处理是否合理合法，账簿记录有无错误，以确定账存数与实存数是否相符。

盘点结束后，应将库存现金盘点的结果列到"库存现金盘点报告表"内，并由盘点人员和出纳人员签章。"库存现金盘点报告表"是反映库存现金实存数的原始凭证，也是查明账实不符的原因和调整账簿记录的依据，其一般格式如表8-4所示。

表8-4　　　　　　　　　　库存现金盘点报告表

单位名称：　　　　　　　　　　　　年　月　日

实存金额	账存金额	对比结果		备　注
		盘　盈	盘　亏	

盘点人签章：　　　　　　　　　　　　　　　　　　　　出纳员签章：

2. 银行存款的清查。

（1）银行存款的清查方法：核对账目。通过银行存款日记账与开户银行转来的对账单进行核对，来查明银行存款的账存数与实有数额。

核对前，应把至清查日止的所有银行存款的收入、支出业务登记入账，检查本单位银行存款日记账的正确性和完整性，然后与银行对账单逐笔核对，如发生错账、漏账，应及时查清更正。

（2）账实不符的处理。经核对，如果银行对账单与银行存款日记账余额不一致，应先检查是否存在未达账项。所谓**未达账项，是指开户银行和本单位之间，对于同一款项的收付业务，由于凭证传递时间和记账时间的不同，发生一方已经入账而另一方尚未入账的款项。**企业与开户银行之间的未达账项，有以下四种情况：

①企业已收，银行未收；即企业已收款入账，而银行尚未收款入账。
②企业已付，银行未付；即企业已付款入账，而银行尚未付款入账。
③银行已收，企业未收；即银行已收款入账，而企业尚未收款入账。
④银行已付，企业未付；即银行已付款入账，而企业尚未付款入账。

未达账项的存在，会造成企业的银行存款日记账的余额与和银行对账单的余额不相符合。因此，在清查银行存款时，如果发现存在未达账项，应通过编制"银行存款余额调节表"来进行调整，以便检查账簿记录的正确性。"银行存款余额调节表"的编制方法一般是在企业与银行双方的账面余额基础上，各自加上对方已收而本单位未收的款项，减去对方已付而本单位未付的款项。经过调节后，银行存款日记账与银行对账单的余额应当相等。如果调整后的存款余额仍不相等，说明银行或企业记账有错，应查明原因予以更正。

【例8-1】星光公司7月31日银行存款日记账的账面余额为93 000元，银行对账单上的余额为92 400元，经逐笔核对，发现有下列未达账项：

①7月29日，企业支付货款开出转账支票一张计1 200元，企业已登记入账，银行尚未入账。
②7月30日，企业销售产品收到转账支票一张计3 800元，企业已登记入账，银行尚未入账。
③7月30日，银行收到企业委托收款4 000元，银行已登记入账，企业尚未入账。
④7月31日，银行代企业支付水电费2 000元，银行已登记入账，企业尚未入账。

根据上述未达账项，编制"银行存款余额调节表"，如表8-5所示。

表8-5　　　　　　　　　　　　　银行存款余额调节表
　　　　　　　　　　　　　　　　××年7月31日　　　　　　　　　　　　　　　　单位：元

项　目	金　额	项　目	金　额
银行存款日记账余额	93 000	银行对账单余额	92 400
加：银行已记增加，企业未记增加的账项	4 000	加：企业已记增加，银行未记增加的账项	3 800
减：银行已记减少，企业未记减少的账项	2 000	减：企业已记减少，银行未记减少的账项	1 200
调节以后的存款余额	95 000	调节以后的存款余额	95 000

双方账面余额经过调整后如果一致，说明双方记账均无差错。调节后的余额，是企业实际可使用的存款数额。

需要说明的是，银行存款双方余额调节相符后，对未达账项一般暂不做账务处理，对银行已入账而企业未入账的各项交易或事项，不能根据"银行存款余额调节表"来编制记账凭证，作为记账依据，而必须在收到银行转来的有关原始凭证后方可入账。因此说，"银行存款余额调节表"只是为核对银行存款余额而编制的一个工作底稿，不能作为实际记账的凭证，它只是及时查明本企业和银行双方账目记载有无差错的一种清查方法。对长期存在的未达账项，应查明原因并及时处理。

注意： 调节账面余额并不是更改账簿记录的依据，对于银行已入账而本单位尚未入账的未达账项不作账务处理，而是在收到银行的收付款通知后方可入账。

小测试

小虎科技公司经常对其银行存款的实有额心中无数，有时甚至会影响到公司日常业务的结算，公司经理王江虎因此指派有关人员检查出纳吴月的工作。结果发现，他每次编制"银行存款余额调节表"时，只根据公司银行存款日记账的余额加或减对账单中企业的未达账项来确定公司银行存款的实有数，而且每次做完此项工作以后，吴月就立即将这些未达账的款项登记入账。

问题：(1) 吴月对上述业务的处理是否正确？为什么？
　　　(2) 你能给出正确答案吗？

3. 往来款项的清查。往来款项的清查主要是指对各种应收款、应付款、暂收款、暂付款的清查。其清查也是采用同对方单位核对账目的方法，主要分以下三个步骤：

第一步，将本单位的往来款项核对清楚，确认总分类账与明细分类账的余额相等，各明细分类账余额相符。

第二步，在检查本单位各项往来款项账目正确、完整的基础上，编制往来款项对账单，送交对方单位进行核对。对账单可以编制为一式两联，其中一联作为回单。对方单位如核对相符，应在对账单上盖章后退回本单位；如有数字不符，应在对账单上注明不符的情况或另抄对账单退回本单位，作为进一步核对的依据。

函 证 信

××单位：

本公司与贵单位的业务往来款项有下列项目，为了清兑账目，特函请查证。是否相符，请在回执联中注明后盖章寄回。

此致敬礼。

往来结算款项对账单

单位：_____ 地址：_____ 编号：_____

会计科目名称	截止日期	交易事项摘要	账面余额

××公司（公章）
年 月 日

第三步，收到回单后，应据此填制"往来款项清查表"（见表8-6），并及时催收该收回的账款，积极处理呆账悬账。

表8-6　　　　　　　　　　往来款项清查表

总分类账户名称：　　　　　　　年 月 日

明细分类账户		清查结果		核对不符原因分析			备注
单位名称	金　额	相符金额	不符金额	未达账款	有争议款项	其 他	

负责人：　　　　　　　　　　　　　　　　　　　制表人：

在核对过程中，如发现未达账项，双方都应采用调节账面余额的方法，核对往来账项是否相符。通过往来账项的清查，还应查明有无双方发生争议的款项以及没有收回希望的款项，以便及时采取措施，避免或减少损失。

4. 代管物资和受托加工物资的清查。企业对代其他单位保管的物资和受托加工的物资，应认真履行受托和代管责任。在清查盘点后，如发生盘盈、盘亏情况，应分清责任，分别处理。如属本单位保管或加工中的原因造成的损失，应由本单位负责处理或赔偿；如属于自然原因或由于对方交货时数量不实，而在财产清查中查明的盘亏，应通知对方进行核实，并在有关账簿中做出相应的记录，对有关数字进行调整，保证账实相符。

第三节　财产清查差异的处理

财产清查结束后，如果发现差异，必须以国家有关政策、法令和制度为依据，在查明原因的基础上，认真严肃地进行处理。处理要求与一般步骤如下：

第一，查明账实不符的性质和原因，提出处理办法。对于通过财产清查所发现的实存数量与账存数量之间的差异以及质量上的问题应核准数字，调查分析发生的原因，明确经济责任，提出处理意见，上报有关领导和部门审批。

第二，根据清查的结果，调整账簿记录，保证账实相符。对财产清查中所发现的财产盘盈、盘亏和毁损，应及时调整账面记录，在有关领导和部门批准处理之前，作为待处理财产损溢处理，使被清查财产的账存数与实存数相一致。

第三，经有关领导和部门批准之后，应根据盘盈、盘亏的原因或批准处理的意见，进行差异的责任处理和账务处理。

为了核算和监督企业在财产清查中查明的各种财产盘盈、盘亏和毁损及其处理情况，应设置"待处理财产损溢"账户。"待处理财产损溢"账户属于资产类账户，用于核算企业在清查财产过程中查明的各种财产盘盈、盘亏和毁损的价值（盘盈固定资产的，应作为前期差错记入"以前年度损益调整"账户，不记入本账户）。"待处理财产损溢"借方登记发生的待处理财产盘亏、毁损数和结转已批准处理的财产盘盈数；贷方登记发生的待处理财产盘盈和转销已批准处理的财产盘亏和毁损数。财产损溢必须在年末结账前处理完毕，因此，该账户应无余额。"待处理财产损溢"账户的基本结构如表 8-7 所示。

表 8-7

借方	待处理财产损溢	贷方
待处理财产盘亏、毁损数		待处理财产盘盈
结转已批准处理的财产盘盈数		结转已批准处理的财产盘亏和毁损数

该账户按盘盈、盘亏的资产种类和项目设置"待处理非流动资产损溢"和"待处理流动资产损溢"两个明细账户进行明细分类核算。

一、库存现金长、短款的处理

发生库存现金长、短款，应将长、短款转入"待处理财产损溢"账户，同时调整"库存现金"账户，使账实相符。查明原因后，应分别情况处理：

1. 现金短款的处理原则：
（1）属于责任人、保险公司赔偿的短款记入"其他应收款"账户；
（2）自然灾害等原因造成净损失的金额记入"营业外支出"账户；
（3）无法查明原因的短款按规定程序批准后记入"管理费用"账户；

2. 现金长款的处理原则：
（1）属于少付、多收的溢余款记入"其他应付款"账户；
（2）无法查明原因的溢余款按规定程序批准后记入"营业外收入"账户。

【例8-2】 小虎科技公司在清查中发现，现金日记账余额1 129.70元，库存现金实存数为1 118元，填制"库存现金盘点报告表"，库存现金短款11.70元。

①根据填制的"库存现金盘点报告表"，做如下会计分录：

借：待处理财产损溢——待处理流动资产损溢　　　　　11.70
　　贷：库存现金　　　　　　　　　　　　　　　　　11.70

②经查，短款为出纳人员吴月工作失误造成的，应由其负责赔偿，做如下会计分录：

借：其他应收款——吴月　　　　　　　　　　　　　11.70
　　贷：待处理财产损溢——待处理流动资产损溢　　11.70

【例8-3】 星光服装公司在清查中发现，现金日记账余额1 220元，库存现金实存数为1 234.80元，填制"库存现金盘点报告表"，库存现金长款14.80元。

①根据填制的"库存现金盘点报告表"，据此做如下会计分录：

借：库存现金　　　　　　　　　　　　　　　　　　14.80
　　贷：待处理财产损溢——待处理流动资产损溢　　14.80

②无法查明原因，经批准后，做如下的会计分录：

借：待处理财产损溢——待处理流动资产损溢　　　　14.80
　　贷：营业外收入　　　　　　　　　　　　　　　14.80

> **小测试**
>
> 出纳员小严参加工作不久，在6月8日和10日两天的库存现金业务结束后例行的库存现金清查中，分别发现库存现金短缺50元和库存现金溢余20元的情况，对此他经过反复思考也弄不明白原因。为了保全自己的面子和息事宁人，同时又考虑到两次账实不符的金额又很小，小严决定：库存现金短缺50元，自掏腰包补齐；库存现金溢余20元，暂时收起。
>
> 问题：
> (1) 小严对上述业务的处理是否正确？为什么？
> (2) 你能给出正确答案吗？

二、存货盘盈的处理

清查中发现存货盘盈时,应及时办理存货入账手续,调整存货账簿的实存数,借记"原材料""库存商品"等有关存货账户,贷记"待处理财产损溢"账户;经有关部门批准后,再冲减管理费用,借记"待处理财产损溢"账户,贷记"管理费用"账户。

【例8-4】 赵四养殖场经财产清查,发现盘盈甲饲料400元,经查明是由于收发计量上的错误所致。

在批准前,根据"实存账存对比表"所确定的甲饲料盘盈数额,做如下会计分录:

  借:原材料——甲饲料   400
    贷:待处理财产损溢——待处理流动资产损溢   400

批准以后,冲减管理费用,做如下会计分录:

  借:待处理财产损溢——待处理流动资产损溢   400
    贷:管理费用   400

三、存货盘亏和毁损的处理

盘亏和毁损的存货,批准以前应先结转到"待处理财产损溢"账户,批准后再根据造成亏损的原因,分别情况进行账务处理。

1. 属于正常损失,经规定程序批准后计入管理费用,借记"管理费用"账户,贷记"待处理财产损溢"账户。

2. 属于非正常损失,能确定过失人的由过失人负责赔偿,记入"其他应收款"账户;属于自然灾害造成的存货损失,扣除保险公司赔款和残值后,记入"营业外支出"账户。

【例8-5】 大明公司进行盘点,发现甲产品短缺20千克,单位成本35元,经查属于定额内正常损耗。

在批准前,根据"实存账存对比表"所确定的甲产品盘亏数额,做如下会计分录:

  借:待处理财产损溢——待处理流动资产损溢   700
    贷:库存商品——甲产品   700

批准以后,损失列入管理费用,做如下会计分录:

  借:管理费用   700
    贷:待处理财产损溢——待处理流动资产损溢   700

> **小测试**
>
> 若例8-5中甲产品的短缺是非正常损失造成的,该如何进行账务处理?

四、固定资产盘盈的处理

清查中盘盈的固定资产,应按同类或类似固定资产的市场价格或评估价值,减去按该项固定资产的新旧程度估计的价值损耗后的余额,借记"固定资产"账户,贷记"以前年度损益调整"账户。

【例8-6】 小虎科技公司在财产清查中盘盈APP服务器1台,同类设备的市场价格为10 000元,估计已损耗2 000元。企业应做如下会计分录:

借：固定资产　　　　　　　　　　　　　　　　　　　　8 000
　　贷：以前年度损益调整　　　　　　　　　　　　　　　　8 000
报经批准后：
借：以前年度损益调整　　　　　　　　　　　　　　　　8 000
　　贷：利润分配　　　　　　　　　　　　　　　　　　　8 000

五、固定资产盘亏的处理

盘亏的固定资产，企业应及时办理固定资产注销手续，按规定程序批准后，应按盘亏固定资产的原值扣除累计折旧和过失人及保险公司赔款后的差额，记入"营业外支出"账户。

【例 8-7】　星光公司在财产清查中发现盘亏印花设备 1 台，其原值为 80 000 元，已提折旧额 50 000 元。

盘亏固定资产时，做如下会计分录：
借：待处理财产损溢——待处理非流动资产损溢　　　　30 000
　　累计折旧　　　　　　　　　　　　　　　　　　　50 000
　　贷：固定资产　　　　　　　　　　　　　　　　　　80 000
上述盘亏设备按规定程序批准后转销，做如下会计分录：
借：营业外支出　　　　　　　　　　　　　　　　　　30 000
　　贷：待处理财产损溢——待处理非流动资产损溢　　　30 000
仍如上例，如果经查明是过失人造成的毁损，应由过失人赔偿 10 000 元，做如下会计分录：
借：其他应收款——××　　　　　　　　　　　　　　10 000
　　贷：待处理财产损溢——待处理非流动资产损溢　　　10 000
扣除累计折旧、过失人赔偿后的差额记入"营业外支出"账户。
借：营业外支出　　　　　　　　　　　　　　　　　　20 000
　　贷：待处理财产损溢——待处理非流动资产损溢　　　20 000

六、结算往来款项盘存的处理

财产清查中发现的经查明确实无法支付的应付款项和无法收回的应收款项，按规定程序报批准后，分别情况及时核销。

知识梳理

◆ 财产清查是通过对各项财产物资的实地盘点以及对各种债权债务的查核，确定其实存数，并将一定时点的实存数与账面结存数核对，借以查明账实是否相符的一种专门方法。

◆ 财产清查按清查的范围划分，可分为全面清查和局部清查；按清查的时间划分，可分为定期清查和不定期清查。

◆ 财产物资盘存制度又称财产物资盘存法，按照确定财产物资账面结存数的依据不同，分为实地盘存制和永续盘存制。
- 实地盘存制（实地盘存法），是指平时在账簿中只登记财产物资的增加数，不登记减少数，到月末结账时，根据实地盘点的实存数来倒挤本月的减少数，并据以登记有关账簿。

  采用实地盘存制，核算工作比较简单，但手续不太严密。
- 永续盘存制（永续盘存法或账面盘存法），是指平时对各项财产物资的增加数和减少数，都要根据会计凭证连续记入有关账簿，并随时结出账面结存数额。

  采用永续盘存制，可随时反映出财产物资的收入、发出和结余情况，从数量和金额上进行双重控制，加强了对财产物资的管理，但是在财产物资品种复杂、繁多的企业，其明细分类核算工作量较大。
- 实物的清查方法一般采用实地盘点法和技术推算法。为明确经济责任，在进行财产物资的盘点时，实物保管人员必须在场并参加盘点工作，但保管人员不宜单独承担财产清查的工作。
- 未达账项，是指开户银行和本单位之间，对于同一款项的收付业务，由于凭证传递时间和记账时间的不同，发生一方已经入账而另一方尚未入账的款项。

  企业与开户银行之间的未达账项，有以下四种情况：
  ①企业已收，银行未收。即企业已收款入账，而银行尚未收款入账。
  ②企业已付，银行未付。即企业已付款入账，而银行尚未付款入账。
  ③银行已收，企业未收。即银行已收款入账，而企业尚未收款入账。
  ④银行已付，企业未付。即银行已付款入账，而企业尚未付款入账。
- 企业在财产清查中查明的各种财产盘盈、盘亏和毁损及其处理情况，应通过"待处理财产损溢"账户进行处理，财产损溢必须在期末结账前处理完毕。

第九单元
编制财务会计报告

本单元重点
- 资产负债表的编制方法
- 利润表的编制方法

第一节　编制财务会计报告的意义

一、编制财务会计报告的意义

财务会计报告，是指企业对外提供的反映企业某一特定日期的财务状况和某一会计期间的经营成果、现金流量等会计信息的文件。 它是企业根据日常的会计核算资料归集、加工和汇总后形成的，是企业会计核算的最终成果。

在日常的会计核算中，企业通过填制和审核会计凭证、登记会计账簿，把各项交易或事项连续、系统和完整地登记在会计账簿中。虽然会计账簿比会计凭证反映的信息更加条理化、系统化，但就某一会计期间的经营活动整体而言，其所提供的仍是分散的、部分的信息，不能集中揭示和反映该会计期间经营活动和财务收支的全貌。因此，每个会计期末，必须根据账簿记录的资料，按照规定的格式、内容和编制方法，对会计信息作进一步的归集、加工和汇总，编制成会计报表，全面、综合地反映企业的财务状况、经营成果和现金流动情况，为会计信息使用者提供全面的会计信息资料。财务会计报告对于加强企业的经营管理以及帮助外部有关部门、投资人、债权人了解企业的经营业绩、财务状况和偿债能力等有着十分重要的意义。

为了使财务会计报告能够最大限度地满足各方面的需要，实现编制财务会计报告的基本目的，充分发挥财务会计报告的作用，企业应当根据真实的交易或事项以及完整的账簿记录等资料，严格遵循《企业会计准则——基本准则》、各项具体会计准则的规定进行会计确认与计量，并在此基础上编制财务会计报告。其编制的财务会计报告应当真实可靠、相关可比、全面完整、编报及时、便于理解。

企业财务会计报告的编制必须符合《企业财务会计报告条例》的规定。

二、企业财务会计报告的内容

财务会计报告包括会计报表、附注和其他应当在财务会计报告中披露的相关信息和

资料。

会计报表是企业财务会计报告的主要组成部分，**一般包括资产负债表、利润表、现金流量表等报表。**

资产负债表——反映企业在某一特定日期的财务状况。

利润表——反映企业在一定会计期间的经营成果。

现金流量表——反映企业在一定会计期间的现金和现金等价物流入和流出情况。

附注是指对在资产负债表、利润表、现金流量表等报表中列示项目的文字描述或明细资料，以及对未能在这些报表中列示项目的说明等。

由于财务会计报告内容不同、用途不同，因此编制、传递的时间也不尽相同。《企业财务会计报告条例》将财务会计报告分为年度、半年度、季度和月度财务会计报告。半年度、季度和月度财务会计报告统称为"中期财务会计报告"，相应的会计报表也分为年度会计报表和中期会计报表。年度会计报表主要有资产负债表、利润表、现金流量表；中期会计报表主要有资产负债表、利润表。

上述各种会计报表，按会计制度规定，必须由企业定期编报具有统一格式和内容的报表，称为"统一会计报表"。此外，企业根据经营管理需要，还可以编制一些内部管理决策和控制使用的会计报表，称为"内部会计报表"，如成本报表，这类会计报表不要求具有统一格式和内容，而由企业根据需要自行规定。

第二节　会计报表的结构和内容

一、资产负债表

资产负债表是反映企业在某一特定日期的财务状况的会计报表，它是概括反映企业在特定日期的资产和权益存量的静态报表，是企业对外提供的基本会计报表之一。每一企业都必须按期编制资产负债表。

通过资产负债表，可以了解企业如下情况：

☐ 了解企业某一日期所拥有或控制的各种资源的构成及其分布情况；

☐ 反映企业某一日期的负债总额以及结构，可以了解企业的偿债能力和支付能力；

☐ 表明投资者在企业资产中所占的份额，了解所有者权益的构成情况；

☐ 了解企业资金结构的变化情况，预测企业未来的财务发展趋势。

资产负债表所反映的是企业的财务状况，而企业的财务状况是通过"资产＝负债＋所有者权益"这一会计平衡公式来列示的。

上述平衡公式作为会计恒等式，直接决定着某个会计期末资产、负债和所有者权益所属项目的排列方式，形成了资产负债表特定的结构。

资产负债表的结构一般分为左右两方。左方反映编报日各项资产的数额，称为"资产方"，分为流动资产和非流动资产；右方反映编报日各项负债的数额以及所有者权益的数额，称为"负债及所有者权益方"，分为流动负债、非流动负债和所有者权益。

资产负债表的基本内容必须包括企业在特定日期所拥有或控制的所有资产、所承担的所有负债以及所有者权益。为了便于使用者理解和使用，还必须对资产、负债及所有者权益按一定的标准进行进一步的分类。

企业资产负债表的基本格式及内容如表 9-1 所示。

表 9-1　　　　　　　　　　　资　产　负　债　表　　　　　　　　　　　会企 01 表

编制单位：　　　　　　　　　　　　　年　月　日　　　　　　　　　　　　　　单位：元

资　　产	期末余额	上年年末余额	负债及所有者权益（或股东权益）	期末余额	上年年末余额
流动资产：			流动负债：		
货币资金			短期借款		
交易性金融资产			交易性金融负债		
衍生金融资产			衍生金融负债		
应收票据			应付票据		
应收账款			应付账款		
应收款项融资			预收款项		
预付款项			合同负债		
其他应收款			应付职工薪酬		
存货			应交税费		
合同资产			其他应付款		
持有待售资产			持有待售负债		
一年内到期的非流动资产			一年内到期的非流动负债		
其他流动资产			其他流动负债		
流动资产合计			流动负债合计		
非流动资产：			非流动负债：		
债权投资			长期借款		
其他债权投资			应付债券		
长期应收款			其中：优先股		
长期股权投资			永续债		
其他权益工具投资			租赁负债		
其他非流动金融资产			长期应付款		
投资性房地产			预计负债		
固定资产			递延收益		
在建工程			递延所得税负债		
生产性生物资产			其他非流动负债		
油气资产			非流动负债合计		
使用权资产			负债合计		
无形资产			所有者权益（或股东权益）：		
开发支出			实收资本（或股本）		
商誉			其他权益工具		
长期待摊费用			其中：优先股		
递延所得税资产			永续债		
其他非流动资产			资本公积		
非流动资产合计			减：库存股		
			其他综合收益		
			专项储备		
			盈余公积		
			未分配利润		
			所有者权益（或股东权益）合计		
资产总计			负债和所有者权益（或股东权益）总计		

> **想一想**
>
> 资产负债表项目按什么顺序进行排列？

二、利润表

利润表是指反映企业在一定会计期间的经营成果的会计报表。它是反映企业一定期间内净利润的形成或亏损发生的过程的动态报表，主要依据会计的收入实现原则和配比原则来编制，即把一定时期的营业收入与同一会计期间的相关成本、费用进行配比，以计算出企业一定时期的净利润或亏损。

利润（或亏损）是一个综合性的质量指标，它不仅能反映企业经营活动的结果，而且能在一定程度上表现出企业的经营管理水平，又是利润分配的主要依据。因此，利润表是企业会计报表中的主要会计报表之一，每个企业都必须按期编制。

通过利润表，可以了解企业以下方面的情况：

□ 可以评价和考核企业的经营业绩；
□ 可以分析和评价企业的经营成果和获利能力；
□ 可以分析和预测企业未来的现金流量；
□ 可以分析企业利润增减变化（或亏损发生）的原因，从而促使企业采取相应的措施和对策，提高企业的经济效益。

利润表的内容和结构与企业利润构成的因素有密切联系，它通过收入、成本费用和利润等项目反映企业在某一期间的经营成果，具体包括营业收入、营业利润、利润总额和净利润等几个部分的内容。

企业利润表的基本格式及内容如表 9-2 所示。

表 9-2 利 润 表 会企 02 表

编制单位： 年 月 单位：元

项 目	本期金额	上期金额
一、营业收入		
减：营业成本		
税金及附加		
销售费用		
管理费用		
研发费用		
财务费用		
其中：利息费用		
利息收入		
加：其他收益		
投资收益（损失以"-"号填列）		
其中：对联营企业和合营企业的投资收益		
以摊余成本计量的金融资产终止确认收益（损失以"-"号填列）		
净敞口套期收益（损失以"-"号填列）		
公允价值变动收益（损失以"-"号填列）		
信用减值损失		

续表

项 目	本期金额	上期金额
资产减值损失		
资产处置收益（损失以"－"号填列）		
二、营业利润（亏损以"－"号填列）		
加：营业外收入		
减：营业外支出		
三、利润总额（亏损总额以"－"号填列）		
减：所得税费用		
四、净利润（净亏损以"－"号填列）		
（一）持续经营净利润（净亏损以"－"填列）		
（二）终止经营净利润（净亏损以"－"填列）		
五、其他综合收益的税后净额		
（一）以后不能重分类进损益的其他综合收益		
（二）将重分类进损益的其他综合收益		
六、综合收益总额		
七、每股收益		
（一）基本每股收益		
（二）稀释每股收益		

> **想一想**
>
> 利润表项目按什么顺序进行排列？

三、现金流量表

现金流量表是反映企业在一定会计期间的现金和现金等价物流入和流出情况的会计报表，是一张动态报表。它是在资产负债表和利润表已经反映企业财务状况和经营成果信息的基础上进一步提供财务状况变动信息，凭此信息，有助于企业的投资者、债权人和其他的会计报表使用者了解企业如何获得现金和现金等价物，评价企业的支付能力、偿债能力和周转能力，有利于财务报告使用者预测企业未来的现金流量、分析企业收益的质量及影响现金净流量的因素等。

在现金流量表中，现金及现金等价物被视为一个整体，企业现金形式的转换不会产生现金的流入和流出。例如，企业从银行存款账户支取现金，是企业现金存放形式的转换，并未引起现金或现金等价物流入或流出企业，因此，不构成现金流量。现金流量表分为基本报表和补充资料两大部分。

基本报表的内容有：一是经营活动所产生的现金流量，主要包括销售商品、提供劳务、各种税费返还、购买商品、接受劳务支付工资、缴纳税款等；二是投资活动产生的现金流量，主要包括取得和收回投资、购建和处置固定资产、无形资产和其他长期资产等；三是筹资活动产生的现金流量，主要包括吸收投资、借入款项、偿还债务、偿付利息等；四是汇率变动对现金的影响；五是现金及现金等价物净增加额。

补充资料有三项：一是将净利润调节为经营活动产生的现金流量；二是不涉及现金收支的投资和筹资活动；三是现金及现金等价物净增加情况。

基本报表与补充资料两者的关系是：

1. 基本报表第一项经营活动所产生的现金流量净额与补充资料第一项经营活动所产生的现金流量净额，应当核对相符。

2. 基本报表第五项与补充资料第三项存在勾稽关系，金额应当一致。

3. 基本报表中的数字是现金流入与现金流出的差额，补充资料中的数字是现金与现金等价物期末数与期初数的差额，其计算依据不同，但结果应当一致，两者应核对相符。

现金流量表基本报表的结构如表9-3所示。

表9-3　　　　　　　　　　　　　现　金　流　量　表　　　　　　　　　　　　　会企03表

编制单位：　　　　　　　　　　　　　　　___年___月　　　　　　　　　　　　　　　单位：元

项　目	本期金额	上期金额
一、经营活动产生的现金流量：		
销售商品、提供劳务收到的现金		
收到的税费返还		
收到的其他与经营活动有关的现金		
经营活动现金流入小计		
购买商品、接受劳务支付的现金		
支付给职工以及为职工支付的现金		
支付的各项税费		
支付的其他与经营活动有关的现金		
经营活动现金流出小计		
经营活动产生的现金流量净额		
二、投资活动产生的现金流量：		
收回投资收到的现金		
取得投资收益收到的现金		
处置固定资产、无形资产和其他长期资产收回的现金净额		
处置子公司及其他营业单位收回的现金净额		
收到其他与投资活动有关的现金		
投资活动现金流入小计		
购建固定资产、无形资产和其他长期资产支付的现金		
投资支付的现金		
取得子公司及其他营业单位支付的现金净额		
支付的其他与投资活动有关的现金		
投资活动现金流出小计		
投资活动产生的现金流量净额		
三、筹资活动产生的现金流量：		
吸收投资收到的现金		
取得借款收到的现金		
收到其他与筹资活动有关的现金		
筹资活动现金流入小计		
偿还债务支付的现金		

续表

项　　目	本期金额	上期金额
分配股利、利润或偿付利息支付的现金		
支付其他与筹资活动有关的现金		
筹资活动现金流出小计		
筹资活动产生的现金流量净额		
四、汇率变动对现金及现金等价物的影响		
五、现金及现金等价物净增加额		
加：期初现金及现金等价物余额		
六、期末现金及现金等价物余额		

第三节　会计报表的编制

一、资产负债表的编制

资产负债表内各项目设置"年初余额"和"上年年末余额"两栏。

（一）"上年年末余额"栏

"上年年末余额"栏内各项数字，应根据上年末资产负债表"期末余额"栏内所列数字填列。

如果上年度资产负债表规定的各个项目的名称和内容同本年度不相一致，应对上年年末资产负债表各项目的名称和数字按照本年度的规定进行调整，填入"上年年末余额"栏内。

（二）"期末余额"栏

"期末余额"栏内各项数字，应根据有关总分类账户及明细分类账户的期末余额直接或分析计算填列，其填列方法如下：

1. 根据有关账户的期末余额直接填列：如："短期借款""实收资本""资本公积""盈余公积"等。

2. 根据有关账户的期末余额分析、计算填列：

（1）"货币资金"项目，反映企业期末持有的库存现金、银行存款和其他货币资金等总额。本项目应根据"库存现金""银行存款""其他货币资金"账户的期末余额合计数计算填列。

（2）"应收票据"项目，反映企业因销售商品、产品和提供劳务等而应向购买单位收取的商业汇票，减去已计提的坏账准备后的净额。本项目应根据"应收票据"账户期末余额，减去"坏账准备"账户中相关的坏账准备期末余额后的金额填列。

（3）"应收账款"项目，反映企业因销售商品、产品和提供劳务等而向购买单位收取的各种款项，减去已计提的坏账准备后的净额。本项目应根据"应收账款"账户所属明细分类账户的期末借方余额合计，减去"坏账准备"科目中相关坏账准备期末余额后的金额填列。如"应收账款"账户所属明细分类账户的期末有贷方余额，应在本表"预收账款"项目内填列。

(4)"其他应收款"项目，反映企业对其他单位和个人的应收和暂付的款项，减去已计提的坏账准备后的净额。本项目应根据"其他应收款""应收利息""应收股利"账户的期末余额合计数，减去"坏账准备"账户中有关的坏账准备期末余额后的金额填列。

(5)"存货"项目，反映企业期末在库、在途和在加工中的各项存货的可变现净值或成本（成本与可变现净值孰低），包括各种材料、商品、在产品、半成品、周转材料发出商品等。本项目应根据"材料采购""原材料""库存商品""周转材料""委托加工物资""发出商品""生产成本""委托代销商品"等账户的期末余额合计数，减去"受托代销商品款""存货跌价准备"账户期末余额后的净额填列。材料采用计划成本核算，以及库存商品采用计划成本或售价核算的企业，应加或减"材料成本差异""商品进销差价"后的金额填列。

(6)"固定资产"项目，反映资产负债表日企业固定资产的期末账面价值和企业尚未清理完毕的固定资产清理净损益。本项目应根据"固定资产"和"固定资产清理"账户的期末余额，减去"累计折旧"和"固定资产减值准备"账户的期末余额后的金额填列。

(7)"无形资产"项目，反映企业持有的专利权、非专利技术、商标权、著作权、土地使用权等无形资产的成本减去累计摊销和减值准备后的净值。本项目应根据"无形资产"账户的期末余额减去"累计摊销"和"无形资产减值准备"账户的期末余额后的净额填列。

(8)"预付款项"项目，反映企业按照购货合同规定预付给供应单位的款项等。本项目应根据"预付账款"和"应付账款"账户所属各明细账户的期末借方余额合计数，减去"坏账准备"账户中有关预付账款计提的坏账准备期末余额后的净额填列。如"预付账款"账户所属明细账户期末为贷方余额的，应在资产负债表"应付账款"项目内填列。

(9)"应付账款"项目，反映资产负债表日以摊余成本计量的、企业因购买材料、商品和接受服务等经营活动应支付的款项。该项目应根据"应付账款"和"预付账款"账户所属的相关明细账户的期末贷方余额合计数填列。

(10)"预收款项"项目，反映企业按照合同规定预收的款项。本项目应根据"预收账款"和"应收账款"账户所属各明细账户的贷方余额合计数填列。如"预收账款"账户所属明细账户期末为借方余额的，应在资产负债表"应收账款"项目内填列。

(11)"未分配利润"项目，反映企业尚未分配的利润。本项目应根据"本年利润"账户和"利润分配"账户的余额计算填列。年终时，可根据"利润分配"账户的贷方余额直接填列。未弥补的亏损，在本项目内以"-"号填列。

此外，编制资产负债表还应注意以下两点：

(1)报表的各项数额必须核对相符。如总计数必须与合计数相加之和相符，合计数必须与各项目之和相符，资产总计必须与负债及所有者权益总计相符等。

(2)编表期内重要项目的变动，如会计处理方法的变动，计价方法的改变等应在附注中加以说明。

以上说明了资产负债表中主要项目的填列方法，现以星光公司发生的交易或事项为例，列示结账后的账户余额表资料及上年末（即本年初）资产负债表中的数字（见表9-4），说明其编制方法。

表 9-4　　　　　　　　　　　　星光公司总分类账户期末余额表
×× 年 6 月 30 日　　　　　　　　　　　　　　　单位：元

账户名称	年初数	期末数	账户名称	年初数	期末数
库存现金	400	840	累计折旧	8 000	20 000
银行存款	20 000	255 476	短期借款	50 000	
应收账款	15 000	14 000	应付账款	3 500	51 400
原材料	4 900	37 410	应交税费	7 000	18 860
库存商品	11 000	17 098	应付股利		12 000
生产成本	17 600	10 800	利润分配		（借）27 028
固定资产	179 600	313 000	实收资本	180 000	1 033 000
无形资产		500 000	盈余公积		2 536
			本年利润		37 856
合计	248 500	1 148 624	合计	248 500	114 8624

根据上述账户余额表资料编制资产负债表如表 9-5 所示。

表 9-5　　　　　　　　　　　　资产负债表（简表）　　　　　　　　　　　　　　会企 01 表
编制单位：星光服装有限责任公司　　　　　×× 年 6 月 30 日　　　　　　　　　　单位：元

资　产	期末余额	年初余额	负债及所有者权益	期末余额	年初余额
流动资产：			流动负债：		
货币资金	840+255 476　256 316	400+20 000　20 400	短期借款		50 000
应收票据			应付票据		
应收账款	14 000	15 000	应付账款	51 400	3 500
预付款项			预收款项		
其他应收款		4 900+11 000+17 600	应付职工薪酬		
存货	37 410+17 098+10 800　65 308	33 500	应交税费	18 860	7 000
流动资产合计	335 624	68 900	其他应付款	12 000	
非流动资产：			流动负债合计	82 260	60 500
长期股权投资			非流动负债：		
固定资产	313 000-20 000　293 000	171 600	长期借款		
在建工程		179 600-8 000	非流动负债合计		
使用权资产			负债合计	82 260	60 500
无形资产	500 000		所有者权益：		
长期待摊费用			实收资本	1 033 000	180 000
非流动资产合计	793 000	171 600	资本公积		
			盈余公积	2 536	
			未分配利润	37 856-27 028　10 828	
资产总计	1 128 624	240 500	所有者权益合计	1 046 364	180 000
			负债和所有者权益总计	1 128 624	240 500

> **想一想**
>
> 编制资产负债表的理论依据是什么?

二、利润表的编制

利润表内各项目设置"上期金额"和"本期金额"两栏。

1. 本表"上期金额"栏内各项数字,应根据上年度该期利润表"本期金额"栏内所列数字填列。如果上期利润表规定的各个项目的名称和内容同本期不一致,应对上期利润表各项目的名称和数字按本期的规定进行调整,填入本表"上期金额"栏内。

2. "本期金额"主要根据有关账户的发生额进行分析、计算填列。主要项目填制方法如下:

(1)"营业收入"项目,反映企业经营主要业务和其他业务所确认的收入总额。本项目应根据"主营业务收入""其他业务收入"账户的发生额分析计算填列。

(2)"营业成本"项目,反映企业经营主要业务和其他业务发生的成本总额。本项目应根据"主营业务成本""其他业务成本"账户的发生额分析计算填列。

(3)"税金及附加"项目,反映企业经营业务应负担的消费税、城市维护建设税、资源税、教育费附加、房产税、土地使用税、车船使用税、印花税等。本项目应根据"税金及附加"账户的发生额分析填列。

(4)"销售费用"项目,反映企业在销售商品过程中发生的包装费、广告费等费用和为销售本企业商品而专设的销售机构的职工薪酬、业务费等经营费用。本项目应根据"销售费用"账户的发生额分析填列。

(5)"管理费用"项目,反映企业为组织和管理生产经营发生的管理费用。本项目应根据"管理费用"账户的发生额分析填列。

(6)"财务费用"项目,反映企业筹集生产经营所需资金等而发生的应予费用化的利息支出。本项目应根据"财务费用"账户的相关明细账户发生额分析填列。

(7)"投资收益"项目,反映企业以各种方式对外投资所取得的收益。本项目应根据"投资收益"账户的发生额分析填列。如为投资损失,以"-"号填列。企业持有的交易性金融资产处置和出售时,处置损益部分应当自"公允价值变动损益"项目转出,列入本项目。

(8)"营业外收入""营业外支出"项目,反映企业发生的与其经营活动无直接关系的各项利得和损失。这两个项目分别根据"营业外收入"账户和"营业外支出"账户的发生额分析填列。

(9)"利润总额"项目,反映企业实现的利润总额。如为亏损,以"-"号填列。

(10)"所得税费用"项目,企业应从当期利润总额中扣除的所得税费用。本项目应根据"所得税费用"账户的发生额分析填列。

(11)"净利润"项目,反映企业实现的净利润。如为净亏损,以"-"号填列。

以上说明了利润表各个项目的填列方法,现以阳光公司(该公司为小企业)损益类账户的资料(见表9-6)举例说明利润表的编制方法。

表9-6　　　　　　　　　阳光公司损益类账户发生额资料
　　　　　　　　　　　　　　××年12月　　　　　　　　　　　　　　单位：元

账户名称	本期发生额	
	借　方	贷　方
主营业务收入	1 300 000	1 300 000
主营业务成本	702 540	702 540
税金及附加	92 000	92 000
销售费用	40 000	40 000
管理费用	95 120	95 120
财务费用		
其他业务收入		
其他业务成本		
投资收益		
营业外收入	10 000	10 000
营业外支出	1 780	1 780
所得税费用	124 920	124 920

根据上述资料编制利润表（见表9-7）。

表9-7　　　　　　　　　　　　利　润　表　　　　　　　　　　　会企02表
编制单位：阳光公司　　　　　　　××年12月　　　　　　　　　　　单位：元

项　目	本期金额	上期金额
一、营业收入	1 300 000	
减：营业成本	702 540	
税金及附加	92 000	
销售费用	40 000	
管理费用	95 120	
研发费用		
财务费用		
加：投资收益（损失以"-"号填列）		（略）
二、营业利润（亏损以"-"号填列）	370 340	
加：营业外收入	10 000	
减：营业外支出	1 780	
三、利润总额（亏损总额以"-"号填列）	378 560	
减：所得税费用	124 920	
四、净利润（净亏损以"-"号填列）	253 640	

想一想

编制利润表的理论依据是什么？

[拓展阅读]

财务报告透视:"吃不胖"快餐店,下一个"独角兽"?

知识梳理

- ◆ 财务会计报告是指企业对外提供的反映企业某一特定日期的财务状况和某一会计期间的经营成果、现金流量等会计信息的文件,包括会计报表及其附注和其他应当在财务会计报告中披露的相关信息和资料。
- ◆ 会计报表一般包括资产负债表、利润表、现金流量表等报表。
- ◆ 资产负债表是指反映企业在某一特定日期的财务状况的会计报表。

　　资产负债表的结构一般分为左右两方。左方反映编报日各项资产的数额,称为资产方,分为流动资产和非流动资产;右方反映编报日各项负债的数额以及所有者权益的数额,称为负债及所有者权益方,分为流动负债、非流动负债和所有者权益。

　　资产负债表主要根据有关总分类账户及明细分类账户的期末余额直接或分析计算填列。

- ◆ 利润表是指反映企业在一定会计期间的经营成果的会计报表。

　　利润表通过收入、成本费用和利润等项目反映企业在某一期间的经营成果,具体包括营业收入、营业利润、利润总额和净利润等几个部分内容。

　　利润表主要根据有关账户的发生额进行分析、计算填列。

- ◆ 现金流量表是指反映企业在一定会计期间的现金和现金等价物流入和流出的会计报表。

　　现金流量表的结构包括基本报表和补充资料。

第十单元
账务处理程序

本单元重点
- [ ] 账务处理程序的特点
- [ ] 记账凭证账务处理程序
- [ ] 科目汇总表账务处理程序的工作步骤、优缺点及适用范围

第一节　账务处理的基本程序

一、账务处理程序的概念

账务处理程序又称会计核算组织形式，是指在会计核算中，账簿组织、记账程序和会计报表有机结合的形式。 将不同种类、格式的账簿处理、记账程序和记账方法互相结合在一起，就构成了不同的账务处理程序。

提示：
账簿组织——反映账簿的种类、格式和各种账簿之间的相互关系。
记账程序——凭证的审核、整理、传递、账簿的登记和根据各种账簿编制会计报表的
　　　　　　程序。
记账方法——按照账簿组织和记账程序的要求所采用的专门会计技术处理方法。

二、账务处理的基本程序

一般账务处理程序是：通过填制会计凭证、登记会计账簿，对交易或事项进行归类、加工整理、综合汇总，形成系统、分类的账簿核算资料；通过编制会计报表，将日常核算的账簿资料按照预先确定的指标体系汇总，提供满足会计信息使用者需要的会计信息。

在各种账务处理程序中，填制会计凭证、登记会计账簿、编制会计报表又是账务处理程序中三个基本步骤。

账务处理的基本程序如图 10-1 所示。

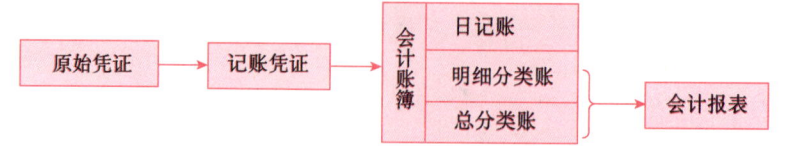

图 10-1 账务处理基本程序

账务处理程序基本流程:

1. 取得并审核原始凭证,并据以填制记账凭证;
2. 根据审核无误的记账凭证及原始凭证或原始凭证汇总表登记相关日记账、明细分类账和总分类账;
3. 定期将总分类账与其所属明细分类账进行核对,以保证会计数据的正确;
4. 月末根据交易或事项发生情况调整应计账项并计算成本和损益;
5. 月末将本期所有交易或事项处理完毕,进行结账,并编制会计报表。

三、几种常用的账务处理程序

1. 记账凭证账务处理程序;
2. 科目汇总表账务处理程序;
3. 汇总记账凭证账务处理程序。

提示:以上三种账务处理程序既有共同点,又有各自的特点,它们之间的根本区别在于登记总账的依据和程序不同。

对以上三种账务处理程序,本单元将通过实例说明每一种账务处理程序的处理方法与步骤。

第二节 记账凭证账务处理程序

一、记账凭证账务处理程序

(一) 核算要求

记账凭证账务处理程序,是一种直接根据记账凭证逐笔登记总分类账的账务处理程序。它是最基本的一种会计账务处理程序,也是其他账务处理程序的基础。

在记账凭证账务处理程序下,记账凭证一般采用收款凭证、付款凭证、转账凭证三种格式,也可采用一种通用格式的记账凭证(通用凭证)。账簿一般需要设置日记账、明细账和总分类账。

(二) 工作步骤

1. 根据原始凭证或原始凭证汇总表,填制收款凭证、付款凭证和转账凭证;

2. 根据审核无误的收款凭证和付款凭证及所附原始凭证，逐笔序时登记现金日记账和银行存款日记账；

3. 根据审核无误的记账凭证和原始凭证或原始凭证汇总表，逐笔登记明细分类账；

4. 根据审核无误的收款凭证、付款凭证和转账凭证，逐笔登记总分类账；

5. 按照对账的要求，定期将总分类账与日记账、明细分类账相核对；

6. 期末，根据总分类账和明细分类账的有关资料，编制会计报表。

上述记账凭证账务处理程序的工作步骤，如图 10-2 所示。

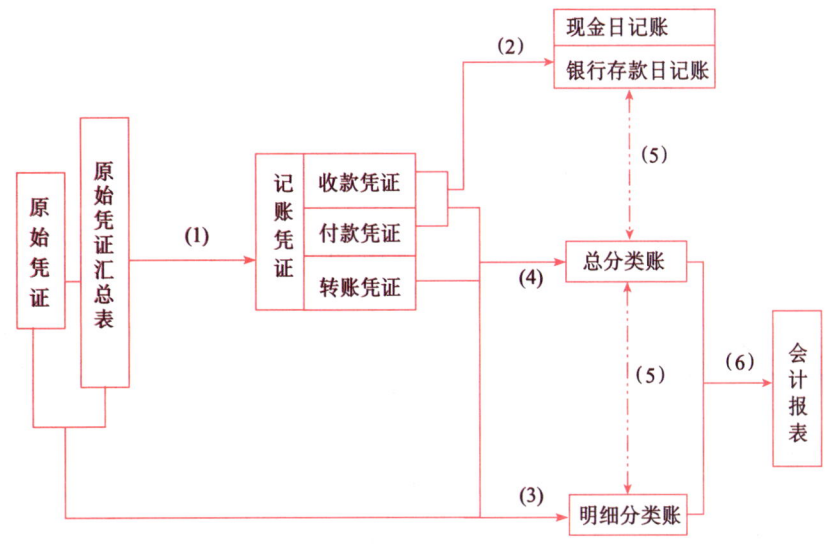

图 10-2　记账凭证账务处理程序

（三）优缺点和适用范围

1. 记账凭证账务处理程序的优点：简单明了，易于理解，便于掌握。总分类账能比较详细和具体地反映各项交易或事项的来龙去脉，便于查账。

2. 记账凭证账务处理程序的缺点：当企业交易或事项发生频繁，登记总账工作量将会很大。

3. 记账凭证账务处理程序适用范围：一般适用于规模不大，交易或事项又比较简单的单位。

二、应用举例

现举例说明记账凭证账务处理程序。

1. 星光公司 3 月份总分类账户期初余额表如表 10-1 所示。

2. 该公司 3 月份发生如下交易或事项：

1 日，收到正大公司投入资本 120 000 元存入银行。

表10-1　总分类账户期初余额表

账户名称	借方	贷方
库存现金	1 200	
银行存款	150 000	
其他应收款	3 000	
原材料	89 800	
库存商品	48 000	
固定资产	715 000	
累计折旧		255 000
应付账款		11 700
短期借款		260 000
应交税费		5 300
实收资本		400 000
资本公积		15 000
盈余公积		50 000
利润分配		10 000
合　计	1 007 000	1 007 000

2日，购入A材料2 000千克，买价15 400元，增值税2 002元，运杂费600元，款项用银行存款支付，材料已验收入库。

2日，生产甲产品领用A材料5 000千克，单价8元，B材料2 000千克，单价5元。

4日，采购员小王出差回来，报销差旅费200元，退回余款100元（原借款300元）。

5日，从银行提取现金80 000元，准备发放工资。

5日，用现金发放工资80 000元。

9日，用银行存款归还短期借款50 000元。

10日，用银行存款缴纳城市维护建设税2 540元，教育费附加918元。

12日，用银行存款归还前欠宏达公司购料款11 700元。

13日，销售给新民公司甲产品200件，单位售价300元，增值税计7 800元，款项已收存银行。

15日，用银行存款支付产品广告费1 000元。

18日，用现金支付办公用品费700元，其中生产车间200元，管理部门500元。

20日，生产甲产品领用A材料2 000千克，单价8元；车间领用B材料50千克，单价5元；管理部门领用C材料100千克，单价2元。

25日，用银行存款支付本月水电费30 000元，其中生产车间28 000元，管理部门2 000元。

27日，销售给星星公司甲产品600件，单位售价300元，增值税计23 400元，款项已收存银行。

31日，结转本月应付职工工资80 000元，其中生产甲产品工人工资50 000元，车间管理人员工资10 000元，企业管理人员工资20 000元。

31日，按上级规定提取职工福利费11 200元，其中生产甲产品工人7 000元，车间管理人员1 400元，企业管理人员2 800元。

31日，计提本月固定资产折旧33 200元，其中生产车间25 000元，管理部门8 200元。

31日，本月应付的短期借款利息1 000元。

31日，结转本月制造费用64 850元。

31日，本月生产的甲产品750件全部完工，结转生产成本187 850元。

31日，结转本月销售800件甲产品的成本191 840元。

31日，本月销售甲产品计算应交城市维护建设税4 700元，教育费附加1 320元。

31日，结转本月主营业务收入240 000元。

31日，将本月主营业务成本191 840元，税金及附加6 020元，销售费用1 000元，管理费用33 900元，财务费用1 000元结转"本年利润"账户。

3. 会计核算。

(1) 根据以上交易或事项填制记账凭证,如表10-2至表10-6所示。

表 10-2　　　　　　　　　　　　收 款 凭 证

借方科目:库存现金　　　　　　　　　　　　　　　　　　　　　　　　　　　　　　　单位:元

××年		凭证号数	摘要	贷方科目	明细科目	金额
月	日					
3	4	现收1	报销退余款	其他应收款	小王	100

表 10-3　　　　　　　　　　　　收 款 凭 证

借方科目:银行存款　　　　　　　　　　　　　　　　　　　　　　　　　　　　　　　单位:元

××年		凭证号数	摘要	贷方科目	明细科目	金额
月	日					
3	1	银收1	投资方投入资本	实收资本	正大公司	120 000
3	13	银收2	甲产品销售收入	主营业务收入 应交税费	甲产品 应交增值税	60 000 7 800
3	27	银收3	甲产品销售收入	主营业务收入 应交税费	甲产品 应交增值税	180 000 23 400

表 10-4　　　　　　　　　　　　付 款 凭 证

贷方科目:库存现金　　　　　　　　　　　　　　　　　　　　　　　　　　　　　　　单位:元

××年		凭证号数	摘要	借方科目	明细科目	金额
月	日					
3	5	现付1	发放工资	应付职工薪酬		80 000
3	18	现付2	支付办公费	制造费用 管理费用		200 500

表 10-5　　　　　　　　　　　　付 款 凭 证

贷方科目:银行存款　　　　　　　　　　　　　　　　　　　　　　　　　　　　　　　单位:元

××年		凭证号数	摘要	借方科目	明细科目	金额
月	日					
3	2	银付1	支付购料款	在途物资 应交税费	A材料 应交增值税	16 000 2 002
3	5	银付2	提取现金	库存现金		80 000
3	9	银付3	归还短期借款	短期借款		50 000
3	10	银付4	上交税金及教育费附加	应交税费	应交城建税 应交教育费附加	2 540 918
3	12	银付5	归还前欠购料款	应付账款	宏达公司	11 700
3	15	银付6	支付产品广告费	销售费用		1 000
3	25	银付7	支付水电费	制造费用 管理费用		28 000 2 000

表10-6　　　　　　　　　　　　　转　账　凭　证　　　　　　　　　　　　　　　　单位：元

××年		凭证号数	摘要	一级科目	明细科目	借方金额	贷方金额
月	日						
3	2	转1	购买材料入库	原材料 在途物资	A材料 A材料	16 000	16 000
3	2	转2	生产领料	生产成本 原材料 原材料	甲产品 A材料 B材料	50 000	40 000 10 000
3	4	转3	报销差旅费	管理费用 其他应收款	小王	200	200
3	20	转4	生产领用材料	生产成本 制造费用 管理费用 原材料 原材料 原材料	甲产品 A材料 B材料 C材料	16 000 250 200	16 000 250 200
3	31	转5	分配工资费用	生产成本 制造费用 管理费用 应付职工薪酬	甲产品	50 000 10 000 20 000	80 000
3	31	转6	提取福利费	生产成本 制造费用 管理费用 应付职工薪酬	甲产品	7 000 1 400 2 800	11 200
3	31	转7	计提折旧费	制造费用 管理费用 累计折旧		25 000 8 200	33 200
3	31	转8	应付借款利息	财务费用 应付利息		1 000	1 000
3	31	转9	结转制造费用	生产成本 制造费用	甲产品	64 850	64 850
3	31	转10	结转产品成本	库存商品 生产成本	甲产品 甲产品	187 850	187 850
3	31	转11	结转销售成本	主营业务成本 库存商品	甲产品 甲产品	191 840	191 840
3	31	转12	计算应交 税金及附加	税金及附加 应交税费 应交税费	应交城建税 应交教育费附加	6 020	4 700 1 320

续表

××年		凭证号数	摘　要	一级科目	明细科目	借方金额	贷方金额
月	日						
3	31	转13	结转损益类收入账户余额	主营业务收入 本年利润	甲产品	240 000	240 000
3	31	转14	结转损益类成本费用账户余额	本年利润 主营业务成本 税金及附加 销售费用 管理费用 财务费用	甲产品	233 760	191 840 6 020 1 000 33 900 1 000

（2）根据收款凭证和付款凭证，登记现金日记账和银行存款日记账如表10－7、表10－8所示。

表10－7　　　　　　　　　　　现金日记账

××年		凭证号数	摘　要	对方科目	借方	贷方	借或贷	余额
月	日							
3	1		期初余额				借	1 200
3	4	现收1	报销退余款	其他应收款	100		借	1 300
3	5	银付1	提取现金	银行存款	80 000		借	81 300
3	5	现付1	发放工资	应付职工薪酬		80 000	借	1 300
3	18	现付2	支付办公费	管理费用等		700	借	600
			本月合计		80 100	80 700	借	600

表10－8　　　　　　　　　　银行存款日记账

××年		凭证号数	摘　要	对方科目	借方	贷方	借或贷	余额
月	日							
3	1		期初余额				借	150 000
3	1	银收1	企业投资	实收资本	120 000		借	270 000
3	2	银付1	支付购料款	在途物资等		18 002	借	251 998
3	5	银付2	提取现金	库存现金		80 000	借	171 998
3	9	银付3	归还借款	短期借款		50 000	借	121 998
3	10	银付4	支付上月税费款	应交税费等		3 458	借	118 540
3	12	银付5	偿还购料款	应付账款		11 700	借	106 840
3	13	银收2	销售收入	主营业务收入等	67 800		借	174 640
3	15	银付6	支付广告费	销售费用		1 000	借	173 640
3	25	银付7	支付水电费	制造费用等		30 000	借	143 640
3	27	银收3	销售收入	主营业务收入等	203 400		借	347 040
			本月合计		391 200	194 160	借	347 040

(3) 根据原始凭证和记账凭证登记明细分类账（只登记原材料、应付账款明细分类账，其他略），如表10-9至表10-12所示。

表10-9　　　　　　　　　　　　　原材料明细分类账

类别：A材料　　　　　　　品名　　　规格（略）　　　　　　单位：千克、元

××年		凭证号数	摘要	收入			发出			结存		
月	日			数量	单价	金额	数量	单价	金额	数量	单价	金额
3	1		期初结存							8 000	8	64 000
3	2	转1	购入	2 000	8	16 000				10 000	8	80 000
3	2	转2	生产领用				5 000	8	40 000	5 000	8	40 000
3	20	转4	生产领用				2 000	8	16 000	3 000	8	24 000
			本月合计	2 000	8	16 000	7 000	8	56 000	3 000	8	24 000

表10-10　　　　　　　　　　　　　原材料明细分类账

类别：B材料　　　　　　　品名　　　规格（略）　　　　　　单位：千克、元

××年		凭证号数	摘要	收入			发出			结存		
月	日			数量	单价	金额	数量	单价	金额	数量	单价	金额
3	1		期初结存							5 000	5	25 000
3	2	转2	生产领用				2 000	5	10 000	3 000	5	15 000
3	20	转4	生产领用				50	5	250	2 950	5	14 750
			本月合计				2 050	4	10 250	2 950	5	14 750

表10-11　　　　　　　　　　　　　原材料明细分类账

类别：C材料　　　　　　　品名　　　规格（略）　　　　　　单位：千克、元

××年		凭证号数	摘要	收入			发出			结存		
月	日			数量	单价	金额	数量	单价	金额	数量	单价	金额
3	1		期初结存							400	2	800
3	20	转4	管理部门领用				100	2	200	300	2	600
			本月合计				100	2	200	300	2	600

表10-12　　　　　　　　　　　　　应付账款明细账

明细科目：宏达公司　　　　　　　　　　　　　　　　　　　单位：元

××年		凭证号数	摘要	借方	贷方	借或贷	余额
月	日						
3	1		期初余额			贷	11 700
3	12	银付5	偿还购料款	11 700		平	0
			本月合计	11 700		平	0

（4）根据记账凭证登记总分类账，如表 10-13 至表 10-38 所示。

表 10-13　　　　　　　　　　　库 存 现 金（总账）

××年		凭证号数	摘　要	借　方	贷　方	借或贷	余　额
月	日						
3	1		期初余额			借	1 200
3	4	现收1	小王退余款	100		借	1 300
3	5	银付1	提取现金	80 000		借	81 300
3	5	现付1	发放工资		80 000	借	1 300
3	18	现付2	支付办公费		700	借	600
			本月合计	80 100	80 700	借	600

表 10-14　　　　　　　　　　　银 行 存 款（总账）

××年		凭证号数	摘　要	借　方	贷　方	借或贷	余　额
月	日						
3	1		期初余额			借	150 000
3	1	银收1	企业投资	120 000		借	270 000
3	5	银付1	支付购料款		18 002	借	251 998
3	8	银付2	提取现金		80 000	借	171 998
3	9	银付3	归还借款		50 000	借	121 998
3	10	银付4	支付上月税费款		3 458	借	118 540
3	12	银付5	偿还购料款		11 700	借	106 840
3	13	银收2	销售收入	67 800		借	174 640
3	15	银付6	支付广告费		1 000	借	173 640
3	25	银付7	支付水电费		30 000	借	143 640
3	27	银收3	销售收入	203 400		借	347 040
			本月合计	391 200	194 160	借	347 040

表 10-15　　　　　　　　　　　在 途 物 资（总账）

××年		凭证号数	摘　要	借　方	贷　方	借或贷	余　额
月	日						
3	2	银付1	购买材料	16 000		借	16 000
3	2	转1	材料验收入库		16 000	平	0
			本月合计	16 000	16 000	平	0

表 10-16　　　　　　　　　　　原 材 料（总账）

××年		凭证号数	摘　要	借　方	贷　方	借或贷	余　额
月	日						
3	1		期初余额			借	89 800
3	2	转1	材料入库	16 000		借	105 800
3	8	转2	生产领料		50 000	借	55 800
3	20	转4	生产领料		16 450	借	39 350
			本月合计	16 000	66 450	借	39 350

表 10-17　　　　　　　　　　　　　库 存 商 品（总账）

××年		凭证号数	摘要	借方	贷方	借或贷	余额
月	日						
3	1		期初余额			借	48 000
3	31	转10	完工入库	187 850		借	235 850
3	31	转11	销售转出		191 840	借	44 010
			本月合计	187 850	191 840	借	44 010

表 10-18　　　　　　　　　　　　其 他 应 收 款（总账）

××年		凭证号数	摘要	借方	贷方	借或贷	余额
月	日						
3	1		期初余额			借	3 000
3	4	转2	报销差旅费		200	借	2 800
3	4	现收1	小王退余款		100	借	2 700
			本月合计		300	借	2 700

表 10-19　　　　　　　　　　　　　生 产 成 本（总账）

××年		凭证号数	摘要	借方	贷方	借或贷	余额
月	日						
3	2	转2	生产领料	50 000		借	50 000
3	20	转4	生产领料	16 000		借	66 000
3	31	转5	分配工资费	50 000		借	116 000
3	31	转6	提取福利费	7 000		借	123 000
3	31	转9	转入制造费用	64 850		借	187 850
3	31	转1	结转产品成本		187 850	平	0
			本月合计	187 850	187 850	平	0

表 10-20　　　　　　　　　　　　　制 造 费 用（总账）

××年		凭证号数	摘要	借方	贷方	借或贷	余额
月	日						
3	18	现付2	支付办公费	200		借	200
3	20	转4	车间领料	250		借	450
3	25	银付7	支付水电费	28 000		借	28 450
3	31	转5	分配工资费	10 000		借	38 450
3	31	转6	提取福利费	1 400		借	39 850
3	31	转7	计提折旧	25 000		借	64 850
3	31	转9	转出制造费用		64 850	平	0
			本月合计	64 850	64 850	平	0

表 10-21　　　　　　　　　　　　　固定资产（总账）

××年		凭证号数	摘要	借方	贷方	借或贷	余额
月	日						
3	1		期初余额			借	715 000
			本月合计			借	715 000

表 10-22　　　　　　　　　　　　　累计折旧（总账）

××年		凭证号数	摘要	借方	贷方	借或贷	余额
月	日						
3	1		期初余额			贷	255 000
3	31	转7	计提折旧		33 200	贷	288 200
			本月合计		33 200	贷	288 200

表 10-23　　　　　　　　　　　　　应付账款（总账）

××年		凭证号数	摘要	借方	贷方	借或贷	余额
月	日						
3	1		期初余额			贷	11 700
3	12	银付5	偿还欠款	11 700		平	0
3			本月合计	11 700		平	0

表 10-24　　　　　　　　　　　　　应付职工薪酬（总账）

××年		凭证号数	摘要	借方	贷方	借或贷	余额
月	日						
3	5	现付1	发放工资	80 000		借	80 000
3	31	转5	分配工资费用		80 000	平	0
3	31	转6	计提福利费		11 200	贷	11 200
			本月合计	80 000	91 200	贷	11 200

表 10-25　　　　　　　　　　　　　短期借款（总账）

××年		凭证号数	摘要	借方	贷方	借或贷	余额
月	日						
3	1		期初余额			贷	260 000
3	9	银付3	归还借款	50 000		贷	210 000
			本月合计	50 000		贷	210 000

表 10-26　　　　　　　　　　　　　应付利息（总账）

××年		凭证号数	摘要	借方	贷方	借或贷	余额
月	日						
3	31	转8	应付借款利息		1 000	贷	1 000
			本月合计		1 000	贷	1 000

表 10-27　　　　　　　　　　　　　　　　应 交 税 费（总账）

××年		凭证号数	摘要	借方	贷方	借或贷	余额
月	日						
3	1		期初余额			贷	5 300
3	2	银付1	支付进项税额	2 002		贷	3 298
3	10	银付4	上交上月城建税、教育费附加	3 458		借	-160
3	13	银收2	收取销项税额		7 800	贷	7 640
3	27	银收3	收取销项税额		23 400	贷	31 040
3	31	转12	计算本月应交城建税、教育费附加		6 020	贷	37 060
			本月合计	5 460	37 220	贷	37 060

表 10-28　　　　　　　　　　　　　　　　实 收 资 本（总账）

××年		凭证号数	摘要	借方	贷方	借或贷	余额
月	日						
3	1		期初余额			贷	400 000
3	1	银收1	正大公司投入资本		120 000	贷	520 000
			本月合计		120 000	贷	520 000

表 10-29　　　　　　　　　　　　　　　　资 本 公 积（总账）

××年		凭证号数	摘要	借方	贷方	借或贷	余额
月	日						
3	1		期初余额			贷	15 000
			本月合计			贷	15 000

表 10-30　　　　　　　　　　　　　　　　盈 余 公 积（总账）

××年		凭证号数	摘要	借方	贷方	借或贷	余额
月	日						
3	1		期初余额			贷	50 000
			本月合计			贷	50 000

表 10-31　　　　　　　　　　　　　　　　利 润 分 配（总账）

××年		凭证号数	摘要	借方	贷方	借或贷	余额
月	日						
3	1		期初余额			贷	10 000
			本月合计			贷	10 000

表 10-32　　　　　　　　　　　　　　　本 年 利 润（总账）

××年		凭证号数	摘　要	借　方	贷　方	借或贷	余　额
月	日						
3	31	转13	结转本月收入		240 000	贷	240 000
3	31	转14	结转本月费用	233 760		贷	6 240
			本月合计	233 760	240 000	贷	6 240

表 10-33　　　　　　　　　　　　　　　主营业务收入（总账）

××年		凭证号数	摘　要	借　方	贷　方	借或贷	余　额
月	日						
3	13	银收2	甲产品销售收入		60 000	贷	60 000
3	27	银收3	甲产品销售收入		180 000	贷	240 000
3	31	转13	月末转出	240 000		平	0
			本月合计	240 000	240 000	贷	0

表 10-34　　　　　　　　　　　　　　　主营业务成本（总账）

××年		凭证号数	摘　要	借　方	贷　方	借或贷	余　额
月	日						
3	31	转11	结转销售成本	191 840		借	191 840
3	31	转14	月末转出		191 840	平	0
			本月合计	191 840	191 840	平	0

表 10-35　　　　　　　　　　　　　　　税金及附加（总账）

××年		凭证号数	摘　要	借　方	贷　方	借或贷	余　额
月	日						
3	31	转12	结转税金及附加	6 020		借	6 020
3	31	转14	月末转出		6 020	平	0
			本月合计	6 020	6 020	平	0

表 10-36　　　　　　　　　　　　　　　管 理 费 用（总账）

××年		凭证号数	摘　要	借　方	贷　方	借或贷	余　额
月	日						
3	4	转3	报销差旅费	200		借	200
3	18	现付2	支付办公费	500		借	700
3	20	转4	领用材料	200		借	900
3	25	银付7	支付水电费	2 000		借	2 900
3	31	转5	分配工资费	20 000		借	22 900
3	31	转6	计提福利费	2 800		借	25 700
3	31	转7	计提折旧	8 200		借	33 900
3	31	转14	月末转出		33 900	平	0
			本月合计	33 900	33 900	平	0

表 10-37　　　　　　　　　　销售费用（总账）

××年		凭证号数	摘要	借方	贷方	借或贷	余额
月	日						
3	15	银付6	支付广告费	1 000		借	1 000
3	31	转14	月末转出		1 000	平	0
			本月合计	1 000	1 000	平	0

表 10-38　　　　　　　　　　财务费用（总账）

××年		凭证号数	摘要	借方	贷方	借或贷	余额
月	日						
3	31	转6	预提借款利息	1 000		借	1 000
3	31	转14	月末转出		1 000	平	0
			本月合计	1 000	1 000	平	0

（5）根据原材料明细分类账编制"原材料明细分类账户本期发生额及余额对照表"，如表 10-39 所示；根据总分类账编制"总分类账户发生额及余额对照表"如表 10-40 所示；运用总分类账和明细分类账平行登记原理，进行月末对账。

表 10-39　　　　　原材料明细账本期发生额和余额对照表

明细账户	计量单位	单价	期初余额		本期发生额				期末余额	
					收入		发出			
			数量	金额	数量	金额	数量	金额	数量	金额
A材料	千克	8	8 000	64 000	2 000	16 000	7 000	56 000	3 000	24 000
B材料	千克	5	5 000	25 000			2 050	10 250	2 950	14 750
C材料	千克	2	400	800			100	200	300	600
合　计			13 400	89 800	2 000	16 000	9 150	66 450	6 250	39 350

表 10-40　　　　　　　总分类账户发生额及余额对照表

账户名称	期初余额		本期发生额		期末余额	
	借方	贷方	借方	贷方	借方	贷方
库存现金	1 200		80 100	80 700	600	
银行存款	150 000		391 200	194 160	347 040	
其他应收款	3 000			300	2 700	
在途物资			16 000	16 000		
原材料	89 800		16 000	66 450	39 350	
生产成本			187 850	187 850		
制造费用			64 850	64 850		
库存商品	48 000		187 850	191 840	44 010	

续表

账户名称	期初余额		本期发生额		期末余额	
	借方	贷方	借方	贷方	借方	贷方
固定资产	715 000				715 000	
累计折旧		255 000		33 200		288 200
应付利息				1 000		1 000
应付账款		11 700	11 700			
应付职工薪酬			80 000	91 200		11 200
短期借款		260 000	50 000			210 000
应交税费		5 300	5 460	37 220		37 060
实收资本		400 000		120 000		520 000
资本公积		15 000				15 000
盈余公积		50 000				50 000
主营业务收入			240 000	240 000		
主营业务成本			191 840	191 840		
税金及附加			6 020	6 020		
管理费用			33 900	33 900		
销售费用			1 000	1 000		
财务费用			1 000	1 000		
利润分配		10 000				10 000
本年利润			233 760	240 000		6 240
合　计	100 700	100 700	1 798 530	1 798 530	1 148 700	1 148 700

（6）根据总分类账和明细分类账的有关资料编制会计报表（资产负债表和利润表编制方法详见第九单元）。

> **想一想**
>
> 若企业经营规模不大，每个月发生的交易或事项也不是很多，应该采用哪种账务处理程序？

第三节　科目汇总表账务处理程序

一、科目汇总表账务处理程序

（一）核算要求

科目汇总表账务处理程序，是根据审核无误的记账凭证定期汇总编制科目汇总表，然后根据科目汇总表登记总分类账的一种账务处理程序。它的主要特点是：首先根据记账凭证定期编制科目汇总表，然后根据科目汇总表登记总分类账。

科目汇总表是根据一定时期内的全部记账凭证按总账科目进行汇总，据以计算出每一总账科目的本期借方发生额和贷方发生额，作为登记总分类账依据的凭证。

科目汇总表的编制方法是将一定时期内的全部收、付、转记账凭证汇总在一张科目汇总表上，据以登记总分类账。汇总的时间应根据业务量大小确定，一般可以 5 天、10 天或 15 天汇总一次。

（二）具体工作步骤

1. 根据原始凭证或原始凭证汇总表填制收款凭证、付款凭证和转账凭证；
2. 根据审核无误的收款凭证、付款凭证及所附原始凭证，逐笔序时登记现金日记账和银行存款日记账；
3. 根据审核无误的记账凭证和原始凭证或原始凭证汇总表，逐笔登记明细分类账；
4. 根据审核无误的记账凭证定期编制科目汇总表；
5. 根据科目汇总表登记总分类账；
6. 按照对账的具体要求，定期将总分类账与日记账、明细分类账相核对；
7. 期末，根据总分类账和明细分类账的有关资料，编制会计报表。

上述科目汇总表账务处理程序的工作步骤，如图 10-3 所示。

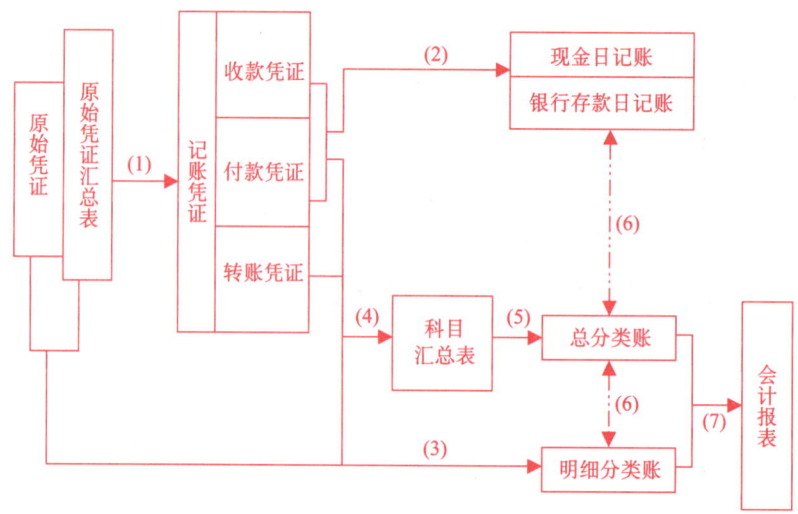

图 10-3　科目汇总表账务处理程序

（三）优缺点和适用范围

1. 科目汇总表账务处理程序的优点：依据科目汇总表登记总账，大大简化了登记总分类账的工作量；科目汇总表本身能对所编制的记账凭证起到试算平衡作用，便于保证总分类账记录的正确性。
2. 科目汇总表账务处理程序的缺点：由于科目汇总表反映的是各科目一定时期的借、

贷方发生额的汇总数，根据其登记的总账，不能反映各账户之间的对应关系，不便于分析交易或事项的来龙去脉。如果记账凭证较多，编制科目汇总表本身也是一项很繁杂的工作。

3. 适用范围：科目汇总表账务处理程序适用于经营规模较大，交易或事项较多的单位。

二、应用举例

现仍以第二节星光公司3月份发生的经济业务，说明科目汇总表的编制和总账的登记。

1. 根据星光公司3月份经济业务填制记账凭证，内容同本单元第二节记账凭证账务处理程序。

2. 根据收款凭证和付款凭证，登记现金日记账和银行存款日记账，内容同本单元第二节记账凭证账务处理程序。

3. 根据原始凭证和记账凭证登记明细分类账（只登记原材料、应付账款明细分类账，其他从略），内容同本单元第二节记账凭证账务处理程序。

4. 将一定时期内的全部收、付、转记账凭证（15天）编制科目汇总表。如表10-41、表10-42所示。

表10-41　　　　　　　　　　　科 目 汇 总 表

××年3月1日至15日　　　　　　　　　　　汇字第1号

会计科目	总账页数	借方发生额	贷方发生额	记账凭证起讫号数
库存现金	略	80 100	80 000	略
银行存款		187 800	164 160	
其他应收款			300	
在途物资		16 000	16 000	
原材料		16 000	50 000	
生产成本		50 000		
应付账款		11 700		
应付职工薪酬		80 000		
短期借款		50 000		
应交税费		5 460	7 800	
实收资本			120 000	
主营业务收入			60 000	
管理费用		200		
销售费用		1 000		
合　　计		498 260	498 260	

5. 根据编制的科目汇总表登记总分类账（仅以"银行存款"和"应交税费账户"为例，其余从略）如表10-43、表10-44所示。

表 10－42　　　　　　　　　　　科 目 汇 总 表
××年3月16日至31日　　　　　　　　　　　　　　　　汇字第2号

会计科目	总账页数	借方发生额	贷方发生额	记账凭证起讫号数
库存现金			700	
银行存款		203 400	30 000	
原材料			16 450	
生产成本		137 850	187 850	
制造费用		64 850	64 850	
库存商品		187 850	191 840	
累计折旧			33 200	
应付利息	略		1 000	略
应付职工薪酬			91 200	
应交税费			29 420	
主营业务收入		240 000	180 000	
主营业务成本		191 840	191 840	
税金及附加		6 020	6 020	
管理费用		33 700	33 900	
销售费用			1 000	
财务费用		1 000	1 000	
本年利润		233 760	240 000	
合　　计		1 300 270	1 300 270	

表 10－43　　　　　　　　　　　银 行 存 款（总账）

××年		凭证号数	摘要	借方	贷方	借或贷	余额
月	日						
3	1		期初结存			借	150 000
3	15	汇1	1—15日汇总过入	187 800	164 160	借	173 640
3	31	汇2	16—31日汇总过入	203 400	30 000	借	347 040
			本月合计	391 200	194 160	借	347 040

表 10－44　　　　　　　　　　　应 交 税 费（总账）

××年		凭证号数	摘要	借方	贷方	借或贷	余额
月	日						
3	1		期初结存			贷	5 300
3	15	汇1	1—15日汇总过入	5 460	7 800	贷	7 640
3	31	汇2	16—31日汇总过入		29 420	贷	37 060
			本月合计	5 460	37 220	贷	37 060

6. 根据原材料明细分类账编制"原材料明细分类账户本期发生额及余额表";根据总分类账编制"总分类账户期末余额表",进行月末对账。内容同本单元第二节记账凭证账务处理程序。

7. 根据总分类账和明细分类账的有关资料编制会计报表。(资产负债表和利润表编制方法详见第九单元)

想一想

企业采用科目汇总表账务处理程序,账簿记录能反映会计科目之间的对应关系吗?

第四节 汇总记账凭证账务处理程序

一、汇总记账凭证账务处理程序

(一) 核算要求

汇总记账凭证账务处理程序,是根据审核无误的记账凭证定期编制汇总记账凭证,然后根据汇总记账凭证登记总分类账的一种账务处理程序。它的主要特点是:首先根据记账凭证定期编制汇总记账凭证,然后根据汇总记账凭证登记总分类账。

汇总记账凭证是将记账凭证按账户的对应关系,定期编制汇总收款凭证、汇总付款凭证、汇总转账凭证,一般每月至少汇总三次。

(二) 具体工作步骤

1. 根据原始凭证或原始凭证汇总表填制收款凭证、付款凭证和转账凭证;
2. 根据审核无误的收款凭证、付款凭证及所附原始凭证,逐笔序时登记现金日记账和银行存款日记账;
3. 根据审核无误的记账凭证和原始凭证或原始凭证汇总表,逐笔登记明细分类账;
4. 根据审核无误的记账凭证定期编制汇总记账凭证(汇总收款凭证、汇总付款凭证、汇总转账凭证);
5. 根据汇总记账凭证登记总分类账;
6. 按照对账的具体要求,定期将总分类账与日记账、明细分类账相核对;
7. 期末,根据总分类账和明细分类账的有关资料,编制会计报表。

上述汇总记账凭证账务处理程序的工作步骤,如图10-4所示。

(三) 优缺点和适用范围

1. 汇总记账凭证账务处理程序的优点:根据汇总记账凭证登记总账,减轻了登记总账的工作量，同时，汇总记账凭证是按照账户的对应关系编制的，能明确反映交易或事项的来龙去脉，便于查账。

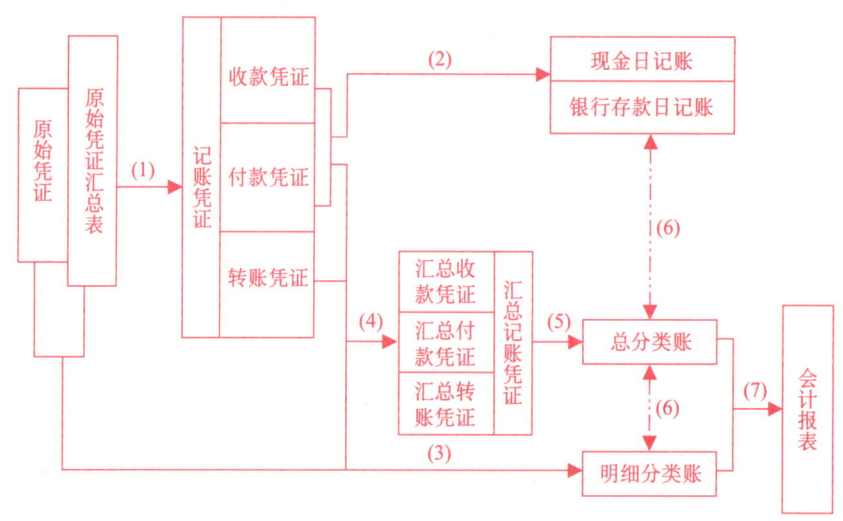

图10-4　汇总记账凭证账务处理程序

2. 汇总记账凭证账务处理程序的缺点：汇总记账凭证的编制工作较为复杂，特别是当转账凭证数量较多时，编制汇总转账凭证工作量较大。并且，按每一贷方账户编制汇总转账凭证，不利于会计核算的日常分工。

3. 适用范围：汇总记账凭证账务处理程序适用于经营规模较大，交易或事项较多的单位。

二、汇总记账凭证的编制

（一）汇总收款凭证的编制

汇总收款凭证，按"现金""银行存款"账户的借方设置，定期根据收款凭证贷方科目归类、汇总、月终结出合计数，据以登记总账。如表10-45所示。

表10-45　　　　　　　　　汇　总　收　款　凭　证　　　　　　　　　第1号
借方科目：库存现金　　　　　　　　　××年5月

贷方科目	金　额				总账页数	
	1日至10日 凭证第1~30号	11日至20日 凭证第31~70号	21日至31日 凭证第71~119号	合　计	借　方	贷　方
其他应收款	900			900	略	略
主营业务收入	7 000	3 000		10 000		
其他业务收入		600	300	900		
管理费用			200	200		
财务费用			400	400		
合　　计	7 900	3 600	900	12 400		

(二)汇总付款凭证的编制

汇总付款凭证,按"现金""银行存款"账户的贷方设置,定期根据付款凭证借方科目归类汇总,月终结出合计数,据以登记总账。如表10-46所示。

表10-46　　　　　　　　　　　汇总付款凭证

贷方科目:银行存款　　　　　　　　　××年5月　　　　　　　　　　　第4号

借方科目	金额				总账页数	
	1日至10日 凭证第1~30号	11日至20日 凭证第31~70号	21日至31日 凭证第71~119号	合计	借方	贷方
应付账款	15 000	80 000		95 000	略	略
原材料	30 000	15 000	10 000	55 000		
固定资产	21 000			21 000		
应付利息			500	500		
管理费用	800	1 000	700	2 500		
合计	66 800	96 000	11 200	174 000		

(三)汇总转账凭证的编制

汇总转账凭证按每一贷方科目设置,并根据转账凭证的借方归类,定期汇总,月终结出合计数据以登记总账。如果发现多借多贷或一借多贷的会计分录,应分解为一借一贷的会计分录,再予以汇总记账。如表10-47所示。

表10-47　　　　　　　　　　　汇总转账凭证

贷方科目:原材料　　　　　　　　　××年5月　　　　　　　　　　　第15号

借方科目	金额				总账页数	
	1日至10日 凭证第1~30号	11日至20日 凭证第31~70号	21日至31日 凭证第71~119号	合计	借方	贷方
生产成本	6 000	11 000	6 000	23 000	略	略
制造费用			3 000	3 000		
管理费用		1 200	4 000	5 200		
合计	6 000	12 200	13 000	31 200		

知识梳理

◆ 账务处理程序又称会计核算形式,是指在会计核算中,凭证组织、账簿组织、记账程序和会计报表有机结合的方法和步骤。

◆ 当前常用的会计账务处理程序主要有:记账凭证账务处理程序;科目汇总表账务处理程

序；汇总记账凭证账务处理程序等。
- ◆ 记账凭证账务处理程序，是指直接根据各种记账凭证逐笔登记总分类账的一种账务处理程序。

    记账凭证账务处理程序是最基本的一种账务处理程序，也是其他账务处理程序的基础。

    记账凭证账务处理程序的主要特点是：直接根据记账凭证逐笔登记总分类账。

    记账凭证账务处理程序有六个工作步骤。

- ◆ 科目汇总表账务处理程序，是根据审核无误的记账凭证定期汇总编制科目汇总表，然后根据科目汇总表登记总分类账的一种账务处理程序。

    科目汇总表账务处理程序的主要特点是：先根据记账凭证定期编制科目汇总表，然后根据科目汇总表登记总分类账。

    科目汇总表账务处理程序有七个工作步骤。

- ◆ 汇总记账凭证账务处理程序，是根据审核无误的记账凭证定期编制汇总记账凭证，然后根据汇总记账凭证登记总分类账的一种账务处理程序。

    汇总记账凭证账务处理程序的主要特点：先根据记账凭证定期编制汇总记账凭证，然后根据汇总记账凭证登记总分类账。

    汇总记账凭证账务处理程序有七个工作步骤。

第十一单元
会计监督

本单元重点
☐ 单位内部会计监督
☐ 单位外部会计监督

第一节 会计监督的意义

一、会计监督的意义

会计监督是指在进行会计核算的同时，对各单位交易或事项的合法性、合理性进行监管、检查的一种会计职能。对交易或事项的合法性实施监督，从而确保各单位的经济活动遵守财经法律法规，杜绝违法乱纪行为；对交易或事项的合理性实施监督，从而确保各单位财务收支符合计划、预算的要求，为提高经济效益严格把关。因而，加强会计监督，是维护财经法律、法规，保障良好经济秩序的需要；是规范会计行为，保证会计资料真实、完整，提高经济效益的需要；是完善单位内部管理制度，保护资产安全完整，防范营私舞弊行为的需要。

二、会计监督的分类

（一）按照监督的主体不同，分为单位内部会计监督、国家会计监督和社会会计监督

1. **单位内部会计监督**本质上是一种内部控制制度，是内部会计管理制度的重要组成部分，是我国会计监督体系的基础，也是实施国家会计监督和社会会计监督的重要保证。

2. **国家会计监督**即政府会计监督，其本质是依靠国家强制力实施的政府行为，它是维护市场经济秩序的重要手段和形式，是依法对各单位进行的强制性行政监督。

3. **社会会计监督**一方面是指任何单位和个人对违法会计行为所进行的监督，另一方面是指社会中介机构如会计师事务所和注册会计师依法对委托单位的各项交易或事项所实施的监督，这也是目前我国社会监督的主要形式。

提示：国家会计监督和社会会计监督统称为外部会计监督。

单位内部会计监督、国家会计监督和社会会计监督构成了"三位一体"的我国现行的会计监督体系。

（二）会计监督按照监督的时间不同，分为事前监督、事中监督、事后监督

1. **事前监督**是指在经济活动发生之前进行的会计监督。它主要通过参与制订各种决策以及相关的计划、预算，依据有关政策规定，对各项经济活动的合法性、合理性、可行性和有效性进行监督审核，保证被监督单位的经济活动有章可循。

2. **事中监督**是在经济活动发生过程中进行的监督。它主要通过日常的会计稽核工作，对已发现的问题提出建议，促使有关部门和人员采取改进措施，及时纠正和制止经济活动中违法、违纪行为的发生，为保证会计信息的合法性、合理性打下基础。

3. **事后监督**是在经济活动结束后进行的监督。它主要通过会计检查手段，以法律、法规、准则、规章等为准绳，以单位制订的计划、预算等为标准，利用会计核算资料，对已进行的经济活动进行分析、考核和评价，找出差距和不足，提出改进措施，以提高被监督单位的经营管理水平和经济效益。

［拓展阅读］
《会计法》关于会计监督的规定

第二节　单位内部会计监督

单位内部会计监督是指各单位的会计机构和会计人员对本单位的会计工作和会计资料进行的监督。

一、会计机构和会计人员是实施单位内部会计监督的主体

首先，《会计法》明确规定了单位负责人对本单位的会计工作和会计资料的真实性、完整性负责。因而，单位负责人应对本单位的会计监督工作予以领导和管理，组织本单位建立健全有效的内部控制制度，强化单位内部制约机制，保证办理会计事务的规则程序能有效防范违法舞弊行为的发生，积极支持、保障会计机构和会计人员行使好会计监督职权，不得授意、指使会计机构和会计人员违法办理会计事项。

其次，会计机构和会计人员要认真行使法律所赋予的监督职权，遵守职业道德，熟悉财经法律法规、国家统一的会计制度和本单位的预算、财务收支计划等，按照规定的程序和方法进行会计核算，实施会计监督，对违法行为要坚决予以抵制，真正发挥会计监督的作用，

保证会计信息合法、真实、准确、及时、完整。

提示：单位负责人是单位内部会计监督的组织管理者；会计机构和会计人员是单位内部会计监督的具体执行者。

二、会计工作和会计资料是单位内部会计监督的客体

一方面，会计机构和会计人员要在单位负责人的领导下，依据会计法律法规、国家统一的会计制度以及单位的预算、计划等，对本单位的各项交易或事项进行实时监督。即通过对原始凭证、记账凭证、会计账簿、财务会计报告等会计资料进行审查，确保单位的各项交易或事项在合法合理的范围之内，提供真实、准确、完整的会计信息，同时保障各项财产物资的安全完整。

另一方面，会计机构和会计人员要通过建立健全行之有效的单位内部控制制度对各项交易或事项中相关人员的行为实施监督。

三、单位内部会计监督的具体内容

1. 对会计凭证进行审核监督；
2. 对会计账簿进行监督；
3. 对实物、款项进行监督；
4. 对财务会计报告进行监督；
5. 对财务收支进行监督；
6. 对其他经济活动进行监督。

四、建立健全单位内部控制制度的基本原则

1. **责权明确，相互制约**。即记账人员与交易或事项的审批人员、经办人员、财物保管人员的职责权限应当明确，并相互分离、相互制约。
2. **重大事项，相互制约**。即重大对外投资、资产处置、资金调度和其他重要经济业务事项的决策和执行的相互监督、相互制约的程序应当明确。
3. **财产清查，要求明确**。即财产清查的范围、期限和组织程序应当明确。
4. **内部审计，要求明确**。即对会计资料定期进行内部审计的办法和程序应当明确。

【案例】
楚天公司的重大经济业务事项均由董事会研究决定。某日，楚天公司董事长张洪的哥哥找到张洪，称其所在的宏宇公司在银行贷款 800 000 元，需要楚天公司作担保。张洪考虑到本公司与宏宇公司经常有业务往来，且其哥哥表示担保只是履行个手续，不会有任何风险。张洪想了想，这也不是什么大事，于是在未召开董事会进行研究、也没有对宏宇公司的财务状况进行调查的情况下，同意楚天公司对这笔贷款进行了担保。贷款到期后，由于宏宇公司无力偿还全部贷款，楚天公司承担了连带责任，代其归还了

450 000元款项。

思考：在此案例中，反映出楚天公司存在哪些内部控制方面的问题？

分析：

1. 内部控制制度中要求重大事项由董事会集体研究决定，但楚天公司没能予以执行，即内部控制形同虚设。

2. 重大事项的内部控制程序不明确。董事长张洪违背了内部控制要求，私自决定了重大事项，在执行过程中却没有受到任何应有的制约，给企业造成了损失，体现出企业内部控制执行程序上存在着重大问题。

五、会计机构和会计人员在单位内部会计监督中的权限

会计机构、会计人员要根据《会计法》、国家统一的会计制度和单位内部规章制度赋予的职权，对单位的交易或事项实施会计监督，有效防范违法会计行为的发生，对在监督过程中发现的问题要正确履行职责，及时做出处理。

对违反《会计法》和国家统一的会计制度规定的交易或事项，有权拒绝办理或者按照职权予以纠正；发现会计账簿记录与实物、款项及有关资料不相符的，按照国家统一的会计制度的规定有权自行处理的，应当及时处理；无权处理的，应当立即向单位负责人报告，请求查明原因，做出处理。

【案例】

董一平是真之美公司的财务负责人。办理审核会计业务时，董一平发现，采购员张治治提供的发票印章模糊、金额有涂改迹象。经过仔细询问，得知张治治违反采购规定，擅自改变采购渠道，从其亲属所在的一家小厂中购入"三无"产品，以次充好，且所开发票与实际支付款项严重不符。

思考：董一平该如何处理此事？

分析：对于不真实、不合法的原始凭证，会计人员有权不予受理，同时还应当对虚假的原始凭证予以扣留，并及时向单位负责人报告，请求查明原因，追究当事人的责任。因此，董一平应将此原始凭证扣留，并向公司董事长报告，要求追究张治治的责任，减少公司的损失。

第三节 单位外部会计监督

一、国家会计监督

国家会计监督即政府监督，是指财政、审计、税务、人民银行、证券监管、保险监管等

部门按照法律、行政法规所赋予的权限，对各单位的会计工作、会计资料实施的监督检查。

提示： 国家会计监督部门的监督权是由国家法律赋予的，具有国家强制性。这一强制性有三层含义：

1. 不得越权实施监督，即不得监管越位；
2. 不得随意放弃监管，即不得监管缺位；
3. 被监管单位、个人和其他组织不得无故拒绝、阻碍国家监督部门依法实施的会计监督，否则应承担相应的法律后果。

（一）财政监督

1. 财政监督的实施主体和对象。财政监督的实施主体是财政部门，即指国务院财政部门及其派出机构和县级以上地方各级人民政府财政部门。

财政监督的对象是各单位执行会计法和国家统一的会计制度的情况，即会计行为。

> **【案例】**
> 伟力公司是一家中外合资企业。在4月份专项治理"小金库"的行动中，市财政局对伟力公司进行了检查，发现了重大违法违纪行为，并对其进行了处理。年末，市财政局通知伟力公司，要对其会计工作进行检查。公司董事长王实志认为，财政局已经检查过了，且对发现的问题已经作出了处理，这次就不需要再检查了。
> **思考：** 董事长的观点正确吗？为什么？
> **分析：** 财政检查包括日常检查、专项检查和重点抽查。对在专项检查中发现较为突出的问题，可以进行重点检查。因此，伟力公司必须接受财政部门的监督检查。

2. 财政部门实施会计监督检查的具体内容：
（1）是否依法设置会计账簿；
（2）会计凭证、会计账簿、财务会计报告和其他会计资料是否真实完整；
（3）会计核算是否符合财经法律、法规、企业会计准则及国家统一会计制度的规定；
（4）从事会计工作的人员是否具备专业能力、遵守职业道德。

3. 财政部门实施会计监督的方式。各级财政部门通过依法对各单位的会计工作和会计资料实施检查来履行财政监督职能。财政检查包括日常检查、专项检查和重点抽查。日常检查是对各单位的预算执行及财务管理等事项进行的日常监督检查；专项检查是对某一特定项目所进行的监督检查；重点抽查是对日常检查和专项检查中发现的重点问题、重要线索等进行的监督检查。

4. 财政部门在实施会计监督中对违法会计行为的行政处罚权。县级以上财政部门在对各单位的会计工作进行监督检查的过程中发现有违反会计法所列违法行为的，有权对违法单位、直接责任人员和会计人员进行行政处罚。如对伪造、变造会计资料、隐匿或故意销毁会计资料等违法行为，有权对违法单位予以通报、罚款，对违法的直接责任人员予以罚款；对违法的会计人员处以吊销会计从业资格证书；情节严重构成犯罪的，还应移送司法机关依法追究刑事责任。

> **小知识**
>
> 财政部门在会计监督检查中实施行政处罚的种类包括：(1) 警告；(2) 罚款；(3) 吊销会计从业资格证书。

(二) 审计监督

审计监督是由国家审计机关代表政府依法对公共资金收支运用情况进行的监督。

1. 审计监督的主体。审计机关有权依照《中华人民共和国审计法》对各级政府和部门的财政收支，国有的金融机构和企业事业单位的财务收支的真实性、合法性和效益性，实施审计监督。被审计单位必须配合审计机关依法实施的审计监督。

审计监督的实施主体是国家审计机关。县级以上的地方各级人民政府所设立的审计机关均是实施审计监督的主体。

2. 审计监督的对象。审计监督的对象是有关部门、单位的财政收支或财务收支。

审计机关在对国家财政收支和财务收支进行审计过程中，应当对其是否真实、是否合法、是否有效益实施监督，以保障国有资产的安全完整，促进其保值增值。

(三) 税务监督

税务监督是由国家税务机关在税收征管过程中，依法对纳税人和扣缴义务人执行税法、履行纳税义务和扣缴义务的行为以及影响纳税的事项所实施的监督。各级税务机关作为实施税务监督的主体，有权依照税收征管法的规定对纳税人的会计资料实施税务检查。各单位要配合税务机关依法实施的税务监督。

税务机关实施税务检查的内容主要包括：纳税人的会计资料；商品、货物及其他资产；在银行或其他金融机构的存款账户等等。

对于在税务检查中发现的违反税法行为，如偷税、漏税，税务机关有权依法追缴税款，并依照有关规定予以处罚，情节严重构成犯罪的，交由司法机关予以处理。

(四) 人民银行监督

中国人民银行有权依照《中国人民银行法》的规定对金融机构以及有关单位、个人的有关行为进行检查监督。如对金融机构的存款、贷款、结算、呆账等情况随时进行稽核、检查监督；对金融机构违反规定提高或者降低存款利率、贷款利率的行为进行检查监督等等。各金融机构要接受中国人民银行的业务指导和监督检查。

(五) 证监部门监督

国务院证券监督管理机构要依照证券法所赋予的职责和权限，对证券的发行和交易实施监督、管理，保护投资者的合法权益，维护社会经济秩序和社会公共利益，促进社会主义市场经济的发展。其监督管理的具体内容有：证券发行监管、证券上市监管、信息披露监管等。

(六) 保险监督

保险监管机构有权依照《保险法》对保险公司的业务状况、财务状况及资金运用状况进行监督检查，保险公司应依法接受监管。

二、社会会计监督

社会会计监督，主要是指注册会计师依法接受委托对委托单位的经济活动进行审计并发表审计意见，进行客观评价的一种监督形式。

提示：委托和有偿是社会会计监督的突出特征。

（一）社会会计监督的主体和对象

我国社会会计监督的主体是注册会计师。注册会计师遵循"独立、客观、公正"的执业原则，依据《注册会计师法》、《独立审计准则》等对客户会计信息的真实性、合法性和公允性提供鉴证服务。

（二）社会会计监督的内容

注册会计师可以依照《注册会计师法》的规定从事审计鉴证和咨询服务的业务。具体内容包括：审计企业财务报告，验证企业资本，办理企业合并、分立、清算事宜中的审计业务，担任会计顾问，提供管理咨询，代理纳税申报等等。

当然，对会计师事务所的执业活动、注册会计师的执业行为以及他们所出具审计报告的程序和内容，财政部门都要进行再监督管理。

此外，任何单位和个人对违反《会计法》和国家统一会计制度规定的行为，都有权进行检举，这也属于社会会计监督的范畴。

知识梳理

- 会计监督是指在进行会计核算的同时，对各单位交易或事项的合法性、合理性进行监管、检查的一种会计职能。
- 单位内部会计监督、国家会计监督和社会会计监督构成了我国现行的"三位一体"的会计监督体系。
- 单位内部会计监督是指各单位的会计机构和会计人员对本单位的会计工作和会计资料进行的监督。
- 国家会计监督即政府监督，是指财政、审计、税务、人民银行、证券监管、保险监管等部门按照法律、行政法规所赋予的权限，对各单位的会计工作、会计资料实施的监督检查。
- 社会会计监督，主要是指注册会计师依法接受委托对委托单位的经济活动进行审计并发表审计意见，进行客观评价的一种监督形式。

第十二单元
会计工作管理

本单元重点
- ☐ 会计核算信息的质量要求
- ☐ 会计法律制度和会计管理体制
- ☐ 会计机构和会计人员管理
- ☐ 会计档案管理

第一节　会计核算信息的质量要求

《企业会计准则——基本准则》规定了八项会计核算信息质量要求。

一、可靠性原则

可靠性原则，要求会计核算应当以实际发生的交易或事项为依据进行会计确认、计量和报告，如实反映符合确认和计量要求的各项会计要素及其他相关信息，保证会计信息真实可靠，内容完整。

二、相关性原则

相关性原则，又称有用性原则，要求企业提供的会计信息应当与财务会计报告使用者的经济决策需要相关，有助于财务报告使用者对企业过去、现在或者未来的情况作出评价或者预测。

注意：相关性是以可靠性为前提的，即会计信息在可靠性的前提下，应尽可能相关。

三、可理解性原则

可理解性原则又称为明晰性原则，要求企业提供的会计信息应当清晰明了，便于财务会计报告使用者理解和使用。

四、可比性原则

可比性原则要求企业提供的会计信息应当相互可比。

这一要求具体包括两个方面：一方面，对于同一企业而言，不同时期发生的相同或者相似的交易或事项，应当采用一致的会计政策，不得随意变更，确需变更的应当在附注中说明，即**同一企业不同时期可比**。另一方面，对于不同企业而言，发生的相同或者相似的交易或事项，应当采用规定的会计政策，即要按照国家统一的会计制度的规定进行会计处理，确保会计口径一致，相互可比，即**不同企业相同时期可比**。

五、实质重于形式原则

实质重于形式原则要求会计核算过程中，要按照交易或事项的经济实质进行会计确认、计量和报告，而不能机械地只以交易或事项外在的法律形式为依据。

【案例】
　　楚天公司 11 月份销售一批商品给易达公司。双方签订了购销合同，商品的售价为 200 000 元，且楚天公司已将商品发出，开具了增值税专用发票，价税合计 234 000 元，已收到存入银行。与此同时，楚天公司与易达公司签订了一份回购协议。协议中规定，3 个月后，楚天公司要将此批商品全部购回，回购的价格为 280 000 元。
　　分析：从法律形式上看，楚天公司在 11 月份销售的商品已符合收入确认的条件，似乎可以确认收入。但从经济实质上看，楚天公司 3 个月后将以 280 000 元的价格购回此批商品，可以认定的经济实质是：楚天公司以商品作为抵押进行了一项融资。因此，11 月份楚天公司发生的这笔销售业务不能确认为收入。

六、重要性原则

重要性原则要求企业提供的会计信息应当反映与企业财务状况、经营成果和现金流量有关的所有重要的交易或事项。这意味着企业应对所发生的交易或事项区别其重要程度，且在会计核算上有所不同。

注意：对于交易或事项重要性的判断，在很大程度上依赖于会计人员的职业判断。一般可以从性质和金额大小两个方面综合考虑。

七、谨慎性原则

谨慎性原则，又称稳健性原则。该原则要求企业对交易或事项进行会计确认、计量和报告时，须保持应有的谨慎，不应高估资产或者收益、低估负债或者费用。

提示：谨慎性的应用也不允许企业设置秘密准备，如果故意高估负债或者费用、低估资产或者收益，则不符合会计信息可靠性和相关性的要求，将损害会计信息质量，从而会对使用者的决策产生误导，这是会计准则所不允许的。

【案例】
　　星光服装有限责任公司执行《企业会计准则》进行会计核算。公司本年末应收账款余额为 20 000 元，该公司对应收账款计提了 100 元坏账准备。

分析：

按照《企业会计准则》的规定，企业对交易或事项进行会计确认、计量和报告时，须保持应有的谨慎。因此，本年末，星光服装有限责任公司应该对应收账款计提坏账准备，并在财务会计报告中以"应收账款净额"列示。

八、及时性原则

及时性原则要求企业对于已经发生的交易或事项，应当及时进行会计确认计量和报告，不得提前或延后。

[拓展阅读]

《会计法》对企业会计信息质量要求的规定

第二节 会计法律制度和会计管理体制

会计法律体系是指国家为管理会计工作而颁布的法律、规章、制度等规范性文件的总称，是组织和从事会计工作必须遵守的规范。我国会计法律规范体系主要包括会计法律、会计行政法规和国家统一的会计制度（见图12-1）。

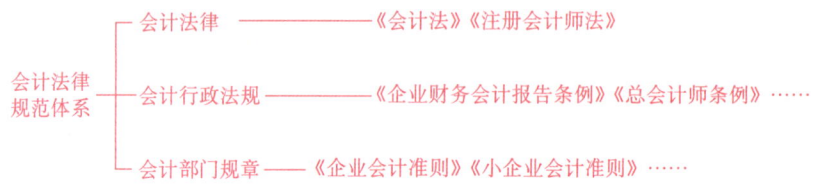

图 12-1 我国会计法律规范体系

一、会计法律制度

（一）会计法

《会计法》是调整我国经济生活中会计关系的法律规范，是指导会计工作的最高准则，是会计工作的基本法，也是制定其他会计法规的法律依据。对违反《会计法》规定行为的单位或个人，必须承担相应的法律责任。情节严重、构成犯罪的，由司法机关依照《刑法》追究刑事责任。

自1985年1月21日第六届全国人民代表大会常务委员会第九次会议建立《会计法》后，1993年12月29日第八届全国人民代表大会常务委员会第五次会议《关于修改〈中华人民共和国会计法〉的决定》第一次修正；1999年10月31日第九届全国人民代表大会常务委员会第十二次会议进行修订；2000年7月1日《会计法》开始实施；2017年11月4日第十二届全国人民代表大会常务委员会第三十次会议《关于修改〈中华人民共和国会计法〉等十一部法律的决定》第二次修正。

（二）会计行政法规

会计行政法规是指由国务院制定的、用以调整经济生活中某些方面会计关系的法律规范。

会计行政法规制定的依据是《会计法》，其法律效力仅次于《会计法》。如国务院发布的《企业财务会计报告条例》《总会计师条例》等。

（三）会计部门规章

会计部门规章是指国家主管会计工作的行政部门即财政部门以及其他相关部委根据法律和国务院的行政法规、决定、命令，在本部门的权限范围内制定的、调整会计工作中某些方面内容的国家统一的会计制度和规范性文件，包括国家统一的会计核算制度、会计监督制度、会计机构和会计人员制度以及会计工作管理体制等。

会计部门规章是由财政部制定，并由部门首长签署命令予以公布的制度办法。如《财政部门实施会计监督办法》《企业会计准则——基本准则》《代理记账管理办法》等。

二、会计工作管理体制

会计工作管理体制，即国家管理会计工作的组织形式，是划分管理会计工作职责权限的制度，包括会计工作管理部门、管理权限划分等。

（一）我国会计工作主管部门

财政部门是我国会计工作的主管部门。财政部主管全国的会计工作，县级以上地方各级人民政府的财政部门管理本行政区域内的会计工作。

（二）会计制度的制定权限

1. 国家统一的会计制度制定权限。会计制度是指处理会计事务的规章、程序、办法等制度的总称。为了保证会计规范性文件的法律效力，国家实行统一的会计制度。国家统一的会计制度由国务院财政部门统一制定并公布。

国务院财政部门会同其他有关部门有权根据会计管理工作的需要联合制定国家统一的会计制度中的有关制度。

2. 特殊行业、系统会计制度制定权限。有特殊要求的行业、系统可以制定实施国家统一的会计制度的具体办法或者补充规定，但应按规定报批或备案。即国务院有关部门可以依照《会计法》和国家统一的会计制度制定对会计核算和会计监督有特殊要求的行业实施国家统一的会计制度的具体办法或者补充规定，报国务院财政部门审核批准或备案。

另外，中央军委后勤保障部可以依照《会计法》和国家统一的会计制度制定军队实施国家统一的会计制度的具体办法，报国务院财政部门备案。

第三节 会计机构和会计人员管理

一、会计机构管理

(一) 会计机构的设置

会计机构是各单位办理会计事务的职能部门。各单位应当根据会计业务的需要，设置会计机构或者在相关机构中设置会计人员并指定会计主管人员，不具备设置条件的，应当委托批准设立从事会计代理记账业务的中介机构代理记账。因此，是否单独设置会计机构是由各单位的业务需要决定的。一般来说有以下几种情况，见表12-1。

表12-1

会计机构设置情况	适用范围	备注
单独设置会计机构	● 大中型企事业单位 ● 会计业务繁多的单位	配备会计机构负责人及必要的会计人员
在相关机构中设置会计人员	● 会计业务比较简单的单位	需要指定会计主管人员行使会计机构负责人的职权
实行代理记账	● 不具备设置会计机构和会计人员条件的单位	委托具备一定条件的会计咨询、服务机构，如会计师事务所，进行代理记账
必须设置总会计师	● 国有大中型企业 ● 国有资产控股的大中型企业	总会计师作为单位的行政领导成员，负责组织领导本单位的财务、成本管理、预算等方面的管理工作

(二) 会计工作岗位

会计工作岗位是在会计机构内部按照会计工作需要进行的合理分工，以明确责权，各司其职。从某种意义上说，会计机构的设置是否有效，在很大程度上依赖于会计工作岗位设置和会计分工是否合理。因此，为了规范会计工作秩序，提高会计工作效率，保证会计工作质量，各单位应建立、健全会计工作岗位责任制。

> **小知识**
>
> 企业可以设置的会计工作岗位包括：
>
> 会计机构负责人或会计主管人员、出纳、稽核、资本基金核算、财产物资核算、收入支出核算、债权债务核算、工资核算、成本费用核算、财务成果核算、总账报表、会计档案管理、会计电算化核算等。

各单位应根据自身管理需要、内部控制要求、会计工作手段、成本效益原则来合理确定具体的会计工作岗位。这些岗位可以一岗一人或一岗多人，也可以一人多岗。但必须符合内部控制制度的要求，实行会计稽核制度和内部牵制制度，做到不相容职务相分离。

(三) 企业会计工作的组织形式

一般情况下，企业在会计核算工作中可

> 【小案例】
> 　　云天公司的出纳员王海晴工作认真负责，深得领导赏识。某日，单位负责财务稽核的小李因病住院，短时间内不能工作。有人提议，由出纳员王海晴暂时接替小李的工作，直到小李康复。此提议是否可行？
> 　　**分析：** 此提议不可行。因为《会计法》明确规定，出纳人员不得兼任稽核工作。

采用集中核算与非集中核算两种形式。

1. 集中核算。集中核算是指单位的主要会计核算工作集中于财会部门统一进行，其余各职能部门一般不再单独核算。其核算程序是：交易或事项发生后，首先由有关职能部门进行原始记录，办理原始凭证手续，并对有关原始凭证进行适当的汇总。其次，再由该职能部门将原始凭证、原始凭证汇总表移交给企业财会部门，由财会部门按期进行明细分类核算及总分类核算。

2. 非集中核算。非集中核算是指单位各职能部门对自身发生的各项交易或事项进行较全面的会计核算，并由各职能部门定期将会计核算资料上报财会部门，财会部门实行统一核算，编制财务会计报告。在这种组织形式下，单位的有关职能部门需要单独设置会计机构，实行分级核算，也称为单位内部的"一级核算""二级核算"等。

　　提示： 采用集中核算或非集中核算取决于企业的特点及经济管理的要求。
　　在实际工作中两种核算形式并不是截然分开的，但不论采用哪一种组织形式，各单位对外货币资金的收、付和债权、债务结算工作都应由单位的一级会计部门集中核算。

二、会计人员管理

（一）会计人员任职资格

会计人员任职资格见表12-2。

表12-2　　　　　　　　　　相关会计人员任职资格

会计人员	任 职 资 格
一般会计人员	• 遵守会计和其他财经法律法规 • 具备良好的道德品质 • 具备一定的会计专业基础知识和技能 • 必须取得会计人员从业资格证书
会计机构负责人	• 政治素质过硬、政策业务水平较高 • 具有较强的组织能力、身体健康 • 取得会计从业资格证书 • 会计师以上专业技术资格，或从事会计工作三年以上的经历
总会计师	• 坚持社会主义方向，积极为社会主义建设和改革开放服务 • 坚持原则，廉洁奉公；取得会计师任职资格后，主管一个单位或者单位内一个重要方面的财务会计工作时间不少于三年 • 有较高的理论政策水平，熟悉国家财经法律、法规、方针、政策和制度，掌握现代化管理的有关知识 • 具备本行业的基本业务知识，熟悉行业情况，有较强的组织领导能力 • 身体健康，能胜任本职工作

关于会计人员任职资格的详细内容，《会计法》、《总会计师条例》等法律法规中有相关规定。

（二）会计人员的职责

1. 依法进行会计核算。
2. 有效地实施会计监督。
3. 拟订本单位办理各项交易或事项的具体办法。
4. 参与拟订本单位经济计划、财务计划，编制预算，考核、分析财务计划的执行情况。
5. 妥善、完整地保管好各种会计档案资料，办理其他会计事务。

三、会计人员职业道德

会计职业道德是会计人员从事会计工作应当遵循的道德标准。会计人员职业道德主要包括以下几个方面：

1. 爱岗敬业。爱岗敬业指的是忠于职守的事业精神，这是会计职业道德的基础。
2. 诚实守信。诚实是指言行跟内心思想一致，不弄虚作假、不欺上瞒下，做老实人，说老实话，办老实事。守信就是遵守自己所作出的承诺，讲信用，重信用，信守诺言，保守秘密。诚实守信是做人的基本准则，是人们在古往今来的交往中产生出的最根本的道德规范，也是会计职业道德的精髓。
3. 廉洁自律。廉洁自律是中华民族的一种传统美德，也是职业道德规范的重要内容之一。廉洁自律是会计职业道德的前提，也是会计职业道德的内在要求。
4. 客观公正。客观公正是会计人员必须具备的行为品德，是会计职业道德规范的灵魂。所谓客观，是指按事物的本来面目去反映，不掺杂个人的主观意愿，也不为他人意见所左右；所谓公正，就是平等、公平、正直、没有偏失。客观公正是会计职业道德所追求的理想目标。
5. 坚持准则。坚持准则是指会计人员在处理业务过程中，要严格按照会计法律制度办事，不为主观或他人意志左右。
6. 提高技能。提高技能是指会计人员通过学习、培训和实践等途径，持续提高会计职业技能，以达到和维持足够的专业胜任能力的活动。
7. 参与管理。参与管理是指间接参加管理活动，为管理者当参谋，为管理活动服务。
8. 强化服务。强化服务就是要求会计人员具有文明的服务态度、强烈的服务意识和优良的服务质量。

【小案例】

星光服装有限责任公司本年的经营业绩不太乐观。公司可以把一笔预收200万元的货款确认为收入吗？如果这样做，将违背哪项职业道德？

分析： 不可以为粉饰经营业绩而提前确认收入。如果这样做，将违背坚持准则、客观公正的会计职业道德要求。

素养提升： 会计职业道德是会计职业的最低要求，是对会计法律制度的重要补充。今后，我们在会计工作岗位上，一定要遵纪守法，严守职业道德！

第四节 会计档案管理

一、会计档案的概念和内容

会计档案是指会计凭证、会计账簿和财务会计报告等会计核算专业材料,是记录和反映单位经济业务的重要史料和证据。

会计档案具体包括以下内容:

1. **会计凭证类**:包括原始凭证、记账凭证、汇总凭证和其他会计凭证。
2. **会计账簿类**:包括总账、明细账、日记账、固定资产卡片、辅助账簿和其他会计账簿。
3. **财务报告类**:包括月度、季度、年度财务会计报告和其他财务报告。
4. **其他类**:包括银行存款余额调节表、银行对账单、会计档案移交清册,会计档案保管清册,会计档案销毁清册和其他应当保存的会计核算专业资料。

二、会计档案的归档、保管和查阅

(一)会计档案的归档要求

(1)同时满足下列条件的,单位内部形成的属于归档范围的电子会计资料可仅以电子形式保存,形成电子会计档案:

①形成的电子会计资料来源真实有效,由计算机等电子设备形成和传输。

②使用的会计核算系统能够准确、完整、有效接收和读取电子会计资料,能够输出符合国家标准归档格式的会计凭证、会计账簿、财务会计报表等会计资料,设定了经办、审核、审批等必要的审签程序。

③使用的电子档案管理系统能够有效接收、管理、利用电子会计档案,符合电子档案的长期保管要求,并建立了电子会计档案与相关联的其他纸质会计档案的检索关系。

④采取有效措施,防止电子会计档案被篡改。⑤建立电子会计档案备份制度,能够有效防范自然灾害、意外事故和人为破坏的影响。⑥形成的电子会计资料不属于具有永久保存价值或者其他重要保存价值的会计档案。

提示:满足上述条件,单位从外部接收的电子会计资料附有符合《中华人民共和国电子签名法》规定的电子签名的,可仅以电子形式归档保存,形成电子会计档案。

(2)单位的会计机构或会计人员所属机构按照归档范围和归档要求,负责定期将应当归档的会计资料整理立卷,编制会计档案保管清册。

(3)当年形成的会计档案,在会计年度终了后,可由单位会计管理机构临时保管1年,再移交单位档案管理机构保管;因工作需要确需推迟移交的,应当经单位档案管理机构同意。单位会计管理机构临时保管会计档案最长不超过3年。

(4)出纳人员不得兼管会计档案。

(二) 会计档案保管

会计档案必须进行科学管理,做到妥善保管、存放有序、查找方便,并严格执行安全和保密制度,不得随意堆放,严防毁损、丢失和泄密。

1. 当年形成会计档案的保管。当年形成的会计档案,可在会计年度终了后暂由会计机构保管一年,期满之后,应当由会计机构编制移交清册,移交本单位档案机构统一保管;未设立档案机构的单位,应当在会计机构内部指定专人保管。

> **【小案例】**
>
> 楚天公司出纳员李清清业务素质很高,热爱本职工作,备受领导信任。因原档案保管人员离职,公司领导决定由李清清在做好出纳工作的同时,再负责保管本公司的会计档案。
>
> **分析:** 按照会计法律法规的规定,出纳人员不得兼管稽核、会计档案保管和收入、费用、债权债务的账目登记工作。因此,楚天公司的做法是错误的。

2. 会计档案移交档案机构后的保管。会计档案由会计机构移交给档案机构保管后,原则上应当保持原卷册的封装。个别需要拆封重新整理的,档案机构应当会同会计机构和经办人员共同拆封整理,以分清责任。

会计档案的保管期限分为永久和定期两类。定期保管期限一般分为 10 年和 30 年两类。会计档案的保管期限从会计年度终了后的第一天算起。企业和其他组织会计档案保管期限见表 12-3。

表 12-3　　　　　企业和其他组织会计档案保管期限表

档案名称	保管期限	备　注
一、会计凭证		
原始凭证	30 年	
记账凭证	30 年	
二、会计账簿		
总账	30 年	
明细账	30 年	
日记账	30 年	
固定资产卡片		固定资产报废清理后保管 5 年
其他辅助性账簿	30 年	
三、财务会计报告		
月度、季度、半年度财务会计报告	10 年	
年度财务会计报告	永久	
四、其他会计资料		
银行存款余额调节表	10 年	
银行对账单	10 年	
纳税申报表	10 年	
会计档案移交清册	30 年	
会计档案保管清册	永久	
会计档案销毁清册	永久	
会计档案鉴定意见书	永久	

提示：需要永久保管的企业会计档案包括：年度财务会计报告、会计档案保管清册、会计档案销毁清册和会计档案鉴定意见书。

（三）会计档案的查阅

各单位应建立健全会计档案查阅、复制登记制度，确保会计档案的安全完整。

会计档案不得借出，如有特殊需要借出时，必须经本单位负责人批准，可提供查阅或复制，并办理登记手续。查阅或者复制会计档案的人员，严禁在会计档案上涂画，拆封和抽换。

如果外单位人员需查阅会计档案时，必须出具相关的法律证件，并经本单位负责人批准，需要复印时要在本单位内部复印，如超出范围内，要有专人随同并办理登记，对复制后的凭证应加盖相关印章。

三、会计档案销毁

会计档案按规定保管期满后，应按规定程序予以销毁。

1. 保管期满后的会计档案，应由本单位档案机构会同会计机构及有关人员提出销毁意见，编制会计档案销毁清册，列明销毁会计档案的名称、卷号、册数、起止年度、档案编号、应保管期限、已保管期限、销毁时间等项内容。

注意：对保管期满但尚未结清的债权、债务的原始凭证和涉及其他未了事项的原始凭证，不得销毁，应单独抽出立卷，由档案部门保管到未了事项完结为止。单独抽出立卷的会计档案应在会计档案销毁清册和会计档案保管清册中列明。

正在项目建设期间的建设单位，其保管期满的会计档案不得销毁。

2. 单位负责人在会计档案销毁清册上签署意见。

3. 派人监销。销毁会计档案时，应由档案机构和会计机构共同派人员监销。监销人员在销毁会计档案前，要按照会计档案销毁清册所列内容清点核对所要销毁的会计档案。

4. 报告监销情况。会计档案销毁后，监销人员应当在会计档案销毁清册上签名盖章，并将监销情况报告本单位负责人。

5. 采用电子计算机进行会计核算的单位，应当保存打印出的纸介档案。

具备采用磁带、磁盘、光盘、微缩胶片等磁性介质保存会计档案条件的，由国务院业务主管部门统一规定，并报财政部、国家档案局备案。

需要说明，我国境内所有单位的会计档案不得携带出境。驻外机构和境内单位在境外设立的企业的会计档案，也应当按照《会计档案管理办法》执行。

[拓展阅读]

《会计档案管理办法》

注意：预算、计划、制度等文件材料，应当执行文书档案管理规定，不适用本办法。

知识梳理

- 会计核算信息的质量要求包括：可靠性原则、相关性原则、可理解性原则、可比性原则、实质重于形式原则、重要性原则、谨慎性原则、及时性原则。
- 我国会计法律规范体系包括会计法律、会计行政法规、会计部门规章。
- 各单位应当根据会计业务的需要，设置会计机构或者在相关机构中设置会计人员并指定会计主管人员，不具备设置条件的，应当委托批准设立从事会计代理记账业务的中介机构代理记账。企业在会计核算工作中可采用集中核算与非集中核算两种形式。
- 会计职业道德是会计人员从事会计工作应当遵循的道德标准。会计人员职业道德主要包括爱岗敬业、诚实守信、廉洁自律、客观公正、坚持准则、提高技能、参与管理、强化服务。
- 会计档案是指会计凭证、会计账簿和财务会计报告等会计核算专业材料，是记录和反映单位经济业务的重要史料和证据。具体包括：会计凭证类、会计账簿类、财务报告类、其他类。会计档案的管理包括归档、保管和查阅。

附录

《小企业会计准则》与《企业会计准则》常用会计科目对比

《小企业会计准则》		《企业会计准则》	
编号	名称	编号	名称
一、资产类		一、资产类	
1001	库存现金	1001	库存现金
1002	银行存款	1002	银行存款
1012	其他货币资金	1012	其他货币资金
1101	短期投资	1101	交易性金融资产
1121	应收票据	1121	应收票据
1122	应收账款	1122	应收账款
1123	预付账款	1123	预付账款
1131	应收股利	1131	应收股利
1132	应收利息	1132	应收利息
1221	其他应收款	1221	其他应收款
		1231	坏账准备
1401	材料采购	1401	材料采购
1402	在途物资	1402	在途物资
1403	原材料	1403	原材料
1404	材料成本差异	1404	材料成本差异
1405	库存商品	1405	库存商品
1407	商品进销差价	1407	商品进销差价
1408	委托加工物资	1408	委托加工物资
1411	周转材料	1411	周转材料
		1471	存货跌价准备
1501	长期债权投资	1501	持有至到期投资
		1502	持有至到期投资减值准备
1511	长期股权投资	1511	长期股权投资
		1512	长期股权投资减值准备
1601	固定资产	1601	固定资产
1602	累计折旧	1602	累计折旧
		1603	固定资产减值准备
1604	在建工程	1604	在建工程
1605	工程物资	1605	工程物资
1606	固定资产清理	1606	固定资产清理
1701	无形资产	1701	无形资产
1702	累计摊销	1702	累计摊销
		1703	无形资产减值准备

续表

《小企业会计准则》		《企业会计准则》	
编号	名　　称	编号	名　　称
1801	长期待摊费用	1801	长期待摊费用
1901	待处理财产损溢	1901	待处理财产损溢
二、负债类		二、负债类	
2001	短期借款	2001	短期借款
2201	应付票据	2201	应付票据
2202	应付账款	2202	应付账款
2203	预收账款	2203	预收账款
2211	应付职工薪酬	2211	应付职工薪酬
2221	应交税费	2221	应交税费
2231	应付利息	2231	应付利息
2232	应付利润	2232	应付股利
2241	其他应付款	2241	其他应付款
2501	长期借款	2501	长期借款
		2502	应付债券
2701	长期应付款	2701	长期应付款
三、所有者权益类		四、所有者权益类	
3001	实收资本	4001	实收资本
3002	资本公积	4002	资本公积
3101	盈余公积	4101	盈余公积
3103	本年利润	4103	本年利润
3104	利润分配	4104	利润分配
四、成本类		五、成本类	
4001	生产成本	5001	生产成本
4101	制造费用	5101	制造费用
五、损益类		六、损益类	
5001	主营业务收入	6001	主营业务收入
5051	其他业务收入	6051	其他业务收入
5111	投资收益	6111	投资收益
5301	营业外收入	6301	营业外收入
5401	主营业务成本	6401	主营业务成本
5402	其他业务成本	6402	其他业务成本
5403	营业税金及附加	6403	税金及附加
5601	销售费用	6601	销售费用
5602	管理费用	6602	管理费用
5603	财务费用	6603	财务费用
		6701	资产减值损失
5711	营业外支出	6711	营业外支出
6801	所得税费用	6801	所得税费用
		6901	以前年度损益调整